再審・本能寺の変
光秀に信長は殺せたのか？

「再審・本能寺の変」制作委員会 著

CONTENTS

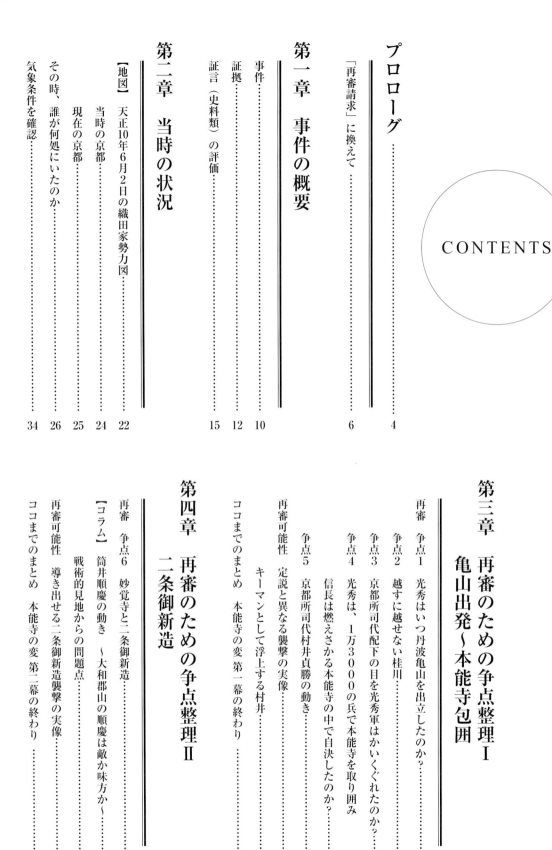

第五章　再審のための争点整理Ⅲ　本能寺の変～山崎の合戦

付章　検察官の反論と2人の陪審員の見解　私はこのように推理する

【明智家の甲冑】
明智光春の甲冑をモデルとして作られたもの

写真提供
甲冑工房丸武

プロローグ

今年も憂鬱な季節が巡ってきた。梅雨だ。

ここは、京都の嵐山。雨が降り続いているので、外に出ることもできず、たまには歴史の本でも読んでみようかと高柳光寿《たかやなぎみつとし》の『明智光秀』を買ってきた。書店に行ったら「光秀コーナー」ができていて、その中で一番伝記的なものを一冊買ってきた。

本能寺の変と言えば誰でも知ってる物語だが、このところテレビでも「日本史最大のミステリー」とか言って何となく盛り上がっているので、改めてもう一度読んでみたくなったのだ。

それにしてもよく降る。窓ガラスやトタン屋根に雨音が響き渡っている。

おや、何か聞こえてきた。雨音ではっきりと聞き取れないが、スピーカーの音みたいだ。「洪水・・・」「警報・・・」という言葉が聞き取れた。何だ何だ？まずいのか？

慌ててスマホで気象情報を見ると、大雨洪水警報が出て、避難勧告も出てる。ここはマンションの5階なので大丈夫だとは思うのだが、念のため窓を開けてみる。窓の外にはそう遠くないところに桂川が流れていて、その様子はよく見えるはずだ。

一目で、これはまずいと思った。

・・・と同時に、ふとあることが脳裏をよぎったのだ。

光秀も本能寺を襲うのに、よりによってこの季節に軍勢を率いて桂川を渡ったんだ。まともな橋なんかなかった頃の話だとすると、これはすごいことだ。

いや待て、本当に渡ったのか？

もし、渡れなかったとするならどうなるのだろう。

本能寺を襲えないじゃないか。

思わず『明智光秀』を開いて、生い立ちのところなどをすっ飛ばして「本能寺の変」のところを拾い読みしてみる。

やはり桂川を渡って大軍で本能寺を包囲したんだ。

襲われた信長は燃えさかる本能寺の火焔の中で死んだのだけど、「人間五十年～」と謡って踊ったというのは嘘みたいだ。

その後で信長の息子の信忠を襲って討ち取ったのか。

まてよ、両方とも首が見つかっていない？


これ、何か変じゃないか？


大軍で囲んで攻めかけて、最期は建物もろとも炎上・・。襲った方法はどっちも同じみたいだ。

2時間ドラマでは、手口が同じなら犯人は同じというのが不文律。

だとすると、信長も信忠も同じ犯人に殺されたんだろうなぁ。

だけどそれ、本当に光秀がやったのだろうか？

もし、桂川を渡れなかったのなら、やりようがないじゃないか。

どうも世間では光秀がやったとしても、その後に黒幕がいるんじゃないかとか、そもそも動機は何だったのかという議論が百出しているという。

そんなこと、本人が死んじゃったんだからわかるわけないじゃないか。あっ、それを史料などから調べるのが歴史学者の仕事か。

ならば、そこは専門家に任せておくとして、それとは全然違う見方や方法で、この事件を調べ直してみたくなった。

「再審請求」に換えて

「光秀が犯人」を一旦白紙にしてみる

「本能寺の変」は歴史上最大のミステリーとされている。どこが謎めいているのか。それは「犯人ははっきりしているがその動機が解せない」という、動機を巡る謎である。これまでに怨念説や野望説、単独犯から黒幕説まで、百花繚乱50を超える諸説（本書11頁参照）が入り乱れ、今もって多くの人を納得させる定説は出てきていない。犯人を明智光秀と特定すると、その人物像やその前後の対応などから考えて、どの動機も「しっくりこない」からである。

ミステリー小説では、大きく分けて三つの謎が物語を構成する。

「フーダニット（Who done it ?）」「ハウダニット（How done it ?）」そして「ホワイダニット（Why done it ?）」である。「誰がやったのか」、「どのように実行したのか」、「なぜしてしまったのか」である。

この三つは相互に連関していて、そのうちの一つないし二つを固定すると、残された謎説きが苦しくなる。「本能寺の変」の場合、最初から「フーダニット（Who done it ?）」は決まってしまっていて、「ハウダニット（How done it ?）」もおおむね『惟任退治記《これとうたいじき》』に従っていて、疑問も検証もなされていない。

初めから「お前が犯人だ」という見込み捜査から出発し、「どうやってしたのか」は既に有力な証言があって分かっているとして顧みられることなく、ひたすら「どうしてやったのか」と尋問されているのが天下の謀反人、明智光秀である。事件から数百年経った今も変わらない。

そもそも「本能寺の変」について語られてきたエピソードは江戸時代に書かれたものが多い。

それも信憑性が薄く、史料的価値や信頼度が低い。

なかには偽造されたものや伝聞だけで書かれたものもある。

事件から百年、二百年以上を経て、後世の作家や歴史家が面白おかしく脚色、創作、偽造したものが明智光秀謀反の根拠として語り継がれたままなのだ。

世の歴史家もそれらの史料的価値の低さを認めつつも、これまで光秀クーデター説を覆してはこなかった。しかし、近年、そうした誤った歴史観に疑義を唱える動きも出てきている。明智光秀という武将の再評価や本能寺の変そのものを見直す著作物などを目にする機会も増えた。

そこで、いま一度捜査の原点に立ち返り、「誰が？」という先入観を一旦取払い、地形や地理、天候、現場状況など「現場百篇」にトライして事件の経過・様相をできる限り詳らかにし、そこから「本能寺の変」の真相に迫ってみるべきではないか。これが本書の出発点である。

歴史は勝者によって作られてきた

日本には判決が確定した事件について、法に定められた事由がある場合に、裁判の審理を改めて申し立てることのできる「再審請求」という制度がある。

虚偽の証言や偽造、変造された証拠などが判決の根拠となっていることが証明されたり、証明されないまでも十分に疑わしいと思われたり、あるいは有罪とされた被告人に有利となる新たな証拠が発見されたとき、脅迫などの違法行為によって自白が強要されたり証言が捩じ曲げられたりしたときなどが、再審請求に該当すると言われている。

その轍に従えば、本書で指摘しているように、捏造と思える文書や事象の存在、客観的状況から見て常識的には不可能ではないかと思える実態が幾つも指摘できることから、「本能寺の変」は明らかに再審請求に該当する事案であると判断した。

歴史は常に「勝者」によって作られてきたことを忘れてはならない。

光秀を犯人としている諸説は、ある意味、勝者の歴史の上に構築されていると言えなくもない。

明智光秀犯人説によって提示されている調書や証拠（そのほとんどは手紙の写しや日記、古文書）は、彼ら勝者に都合のいいように語られているものが目立つ。なかには、必要な個所が削除されたり抜け落ちたり破かれたりしており、「事実を隠蔽したのではないか」と疑わせるものもある。

言い換えれば、誰かが明智光秀を謀反人に仕立て上げ、事件に潜んでいた「真実」を封印したのではないか。そうした仮説が成り立つほど、この事件については詳細な事実検証がなされていないということができる。

謎や疑問を徹底検証し、九つの争点を新たに提示

本書は、「本能寺の変」や明智光秀に関する謎や疑問を、史料などを丹念に読み解き、幾つもの資料を読み比べるとともに、それらの記述と当時の地形や地理、天候、現場状況などを詳細に比較検討することを通じて、再審請求でいうところの「新事実の提示」に繋げる試みをしている。争点整理は9点に及ぶ。

裁判には、必ず事件に関する「調書」がある。「本能寺の変」に関して言えば、その原点とも言える最初の調書は『惟任退治記《これとうたいじき》』であろう。著者は、豊臣秀吉の御伽衆《おとぎしゅう》の一人であった大村由己《おおむらゆうこ》で、「本能寺の変」からほぼ4か月後の天正10年（１５８２年）10月にまとめられた。

信長を平清盛のように扱う書き出しから始まり、明智光秀が「本能寺の変」で信長を討ち取る過程や秀吉が光秀を破った「山崎の合戦」を中心に、「中国大返し」「清洲会議」「信長の葬儀」までを書き記したもので、後世の著作の多くはこの『惟任退治記』を元にしたものが多い。史料的価値が高いとされ、多くの歴史家や専門家も認める第1級史料に位置付けられている。

内容的には、豊臣秀吉の校閲が入っており、「光秀謀反人、秀吉礼賛」を前提にしたプロパガンダ的要素の強い文書ではあるが、本書では敢えてこの『惟任退治記』を丁寧に読み解くことで、これまで語られてきた事実を再度深く掘り下げ真実に迫ることを心掛けている。

もちろん、『惟任退治記』の他にも、『信長公記《しんちょうこうき》』や『川角太閤記《かわすみたいこうき》』、ルイス・フロイスがまとめた『日本史』など、さらには再審の調書として信憑性の高いものが少なくない『兼見卿記《かねみきょうき》』や『言経卿記《ときつねきょうき》』などの貴族たちがまとめた日記なども参考にしている。

もちろん、私たちの提示する「再審争点」自体、所詮想像の産物ではないかといわれてしまえば、それまでである。しかし、もとより私たちは歴史学者ではない。本格的な歴史的検証は歴史学者の方々にお任せするとして、私たちはもっと自由に歴史を楽しみたいと思っている。

再度強調するならば、本書はこれまで多くの歴史学者が繰り広げてきた「史料」からだけの推測ではなく、それらの「史料」の記述内容（いわば証言）と、当時の地理・気象・風習・現場状況といった様々な視点からの客観的データとを照合する方法で、事件の実像に迫ろうとしている点で、他に類を見ない野心的取り組みである。その結果として４３８年前の真実にどこまで迫ることができているかは読者の判断に委ねるしかない。

本書の成否にかかわらず、本書での再審請求によって、これまでの「本能寺の変」のイメージが変わること、更には「本能寺の変」はひょっとすると史上最大の「冤罪」事件かもしれないと考える読者が一人でも増えること、更には与えられている歴史を能動的に解釈し直してみることは楽しいことだと思う歴史愛好家の輪が広がることこそ、私たちの大いに期待するところである。

２０２０年夏　「再審・本能寺の変」制作委員会

第一章 事件の概要

事件

天正10年（1582年）6月2日朝、京都下京の本能寺《ほんのうじ》を被疑者（不詳）が襲撃、一部御殿が焼失。宿泊中の被害者織田信長氏（前右大臣）が行方不明となり、その後、妙覚寺《みょうかくじ》に宿泊中の織田信長氏子息信忠氏（織田家当主・被害者）が何者かに襲撃され、抵抗の後、死亡したものと断定。

事件経過

天正10年5月15日、武田攻めの功をねぎらうという織田信長《おだのぶなが》の招きに応じ、徳川家康《とくがわいえやす》・穴山梅雪《あなやまばいせつ》一行は、信長の居城安土城《あづち》へと赴いた。この時の饗応役を務めたのが、惟任日向守光秀《これとうひゅうがのかみみつひで》（明智光秀《あけちみつひで》）であった。

饗宴の最中、備中《びっちゅう》に出陣し毛利《もうり》と交戦中の羽柴筑前守秀吉《はしばちくぜんのかみひでよし》から、備中高松城《びっちゅうたかまつ》を包囲したものの、毛利の援軍が到着したため、信長に援軍を求める書状が到着、信長は中国出陣を決定。光秀も饗応役を退き、居城の坂本城（後、丹波亀山城）に戻り出陣の準備に入った。信長は、家康一行に京・堺をゆるりと見物するように指示した後、5月29日にわずかな供回りのみを連れて上京、本能寺《ほんのうじ》へ入る。

6月1日夜半（惟任退治記《これとうたいじき》）、2万の兵力（1万3000との説あり）を率いて丹波亀山城《たんばかめやま》を出立した光秀は、途中で突如進路を京へと変更。6月2日未明（およそ午前4時半頃）、本能寺を包囲し、信長を討ち取るとその後、信長の嫡男信忠《のぶただ》の宿所である妙覚寺《みょうかくじ》へ向かう。

急を知った信忠が妙覚寺に隣接する、より防御能力の高い二《に》条《じょう》御新造《ごしんぞう》（正親町《おおぎまち》天皇の嫡男誠仁《さねひと》親王の御所）に移動して光秀軍と対戦。討ち死にする。

なお、信長・信忠両名の遺体は発見されていない。

この時、堺で事変の発生を知った徳川家康・穴山梅雪（途中死亡）一行は、急遽伊賀を越えて岡崎へと舞い戻っている。

その後、光秀は安土に向かうが、途中の瀬田唐橋《せたのからはし》が焼かれていたため、一旦坂本城へと向かう。

その三日後、瀬田唐橋の修復がなったため、光秀は安土城へと向かい、入城。蓄えられていた金銀を奪い、後に皇室・公家・寺社・配下の武将に分配した。

その後、天下人としての策を打てないまま、6月3日または4日未明に備中高松で信長の訃報を知った羽柴秀吉が急遽上京（中国大返し）、山崎で光秀軍と対戦。圧倒的兵力で光秀軍を粉砕。敗走中の光秀は、落ち武者狩りの土民の槍にかかって死亡した。

被害者

本能寺

織田信長（前右大臣）とその近習・小姓など。

妙覚寺　二条御新造

織田信忠（織田家当主・信長嫡男）、村井貞勝（京都所司代）とその子息全て、奉行衆と信忠警護の武士。

被疑者（死亡）

惟任（明智）日向守光秀

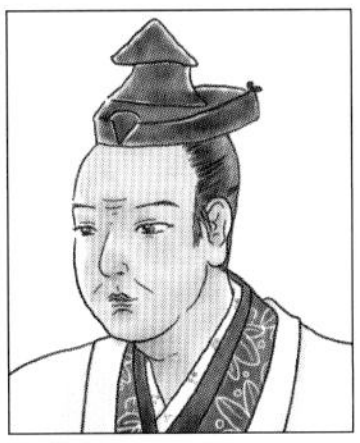

動機

本件の動機については、犯行後400年以上を経た今日、様々な説が唱えられてきた。

次の表にまとめただけで50の説が並んでおり、それぞれに蘊《うん》蓄《ちく》が傾けられているが、いまだ被疑者の動機は解明されるに至っていない。

光秀単独犯行説

Ⅰ 積極的謀反説
①野望説
②突発説
⑤人間性不一致説
⑥秀吉ライバル説

Ⅱ 消極的謀反説
①怨恨説
②不安説
③ノイローゼ説
④内通露見説

Ⅲ 名分存在説
①救世主説
②神格化阻止説
③暴君討伐説
④朝廷守護説
⑤源平交替説

Ⅳ 複合説
①不安・怨恨説
②怨恨・突発説
③不安・突発説
④野望・突発説
⑤不安・野望説
⑥怨恨・野望説
⑦複合説

主犯存在説・黒幕存在説

Ⅰ 主犯存在説
①羽柴秀吉実行犯説
②斎藤利三実行犯説
③徳川家康主犯・伊賀忍者実行犯説
④複数実行犯・複数黒幕存在説

Ⅱ 黒幕存在説
①朝廷黒幕説
②羽柴秀吉黒幕説
③足利義昭黒幕説
④毛利輝元黒幕説
⑤徳川家康黒幕説
⑥堺商人黒幕説
⑦ルイス・フロイス黒幕説
⑧高野山黒幕説
⑨森蘭丸黒幕説

Ⅲ 黒幕複数説
①秀吉・家康・光秀共同謀議説
②足利義昭・朝廷黒幕説
③近衛前久・徳川家康黒幕説
④毛利輝元・足利義昭・朝廷黒幕説
⑤堺商人・徳川家康黒幕説
⑥上杉景勝・羽柴秀吉黒幕説
⑦徳川家康・イギリス・オランダ黒幕説
⑧足利義昭・羽柴秀吉・毛利輝元黒幕説

Ⅳ 従犯存在説
①近江土豪連合関与説
②長宗我部元親関与説
③濃姫関与説
④秀吉の妻関与説
⑤羽柴秀吉関与説

その他

①信長の対朝廷政策との関連
②家臣団統制との関連
③信長自滅説
④信長不死説

以上、後藤敦氏による分類（『別冊歴史読本54『完全検証信長襲殺』）より。

証拠

これまでの事件に関する通説を裏づける証拠として様々な文書記録が取り上げられ、その解釈によっていろいろな説が生まれるに至った。それらの証拠文書類について、見てみよう。

本能寺の変については、後世の権力者、軍記物作者、歴史学者がいろいろと書いていて、それが渾然一体として「定説」が作られてきた。個別の証拠文書類を調べる前に、それらの史料が具体的にどのように書かれているのかをかいま見ておこう。

本能寺襲撃

一例として、変の当日すなわち6月2日の本能寺襲撃の場面について、どのように語られてきたかを見てみる。

『信長公記』（中川太古訳「現代語訳信長公記」2000年 新人物往来社 より、以下同じ）

明智光秀の軍勢は、早くも信長の宿所本能寺を包囲し、兵は四方から乱入した。

信長もお小姓衆も、その場かぎりの喧嘩を下々の者たちがしているのだと思ったのだが、全くそうではなかった。**明智勢は鬨の声を上げ、御殿に鉄炮を撃ち込んできた。**信長が「さては謀反だな、誰のしわざか」と問いただすと、森長定が「明智の軍勢と見受けます」と答えた。信長は「やむをえぬ」と一言。

信長は、始めは弓をとり、二つ三つと取り替えて弓矢で防戦したが、どの弓も時がたつと切れた。「女たちはもうよい、急いで脱出せよ」と言って退去させた。**すでに御殿は火をかけられ、近くまで燃えてきた。**信長は、敵に最期の姿を見せてはならぬと思ったのか、御殿の奥へ入り、内側から納戸の戸を閉めて、無念にも切腹した。

『惟任退治記』（歴史読本編集部、ここまでわかった！明智光秀の謎 2014年 KADOKAWA より 以下同じ）

信長は夜討ちの報を耳にされ森蘭丸《もりらんまる》を召して問うと、彼は光秀の謀反を告げた。怨みをもって恩に報いるという例がない訳でもない。生ある者は必ず滅びる、また定まった道理である。いまさら何を驚くことがあろうか。

信長は急いで弓を手に取り、広縁にでて、向かってくる敵兵五、六人を射倒してから、十文字の鎌槍を持って何人かの敵を薙ぎ倒し、**門外まで追いかけ追い散らし、**数ヶ所の傷を蒙って堂舎の中に引き返した……。

信長は日ごろ寵愛していた美しい女性たちをも刺し殺し、御殿に**自ら火をかけて**御腹を召された。

ルイス・フロイスの『日本史』（松田毅一・川崎桃太訳「完訳フロイス日本史」2000年 中公文庫 より、以下同じ）

明智の軍勢は御殿の門に到着すると、真先に警備に当たっていた守衛を殺した。内部ではこのような叛逆を疑う気配はなく、御殿には宿泊していた若い武士たちと奉仕する茶坊主と女たち以外には誰もいなかったので、**兵士たちに抵抗する者はいなかった**。

そしてこの件で**特別な任務を帯びた者**が、兵士とともに内部に入り、ちょうど手と顔を洗い終え、手ぬぐいで身体をふいている信長を見つけたので、ただちにその背中に矢を放ったところ、信長はその矢を引き抜き、鎌のような形をした長槍である長刀という武器を手にして出て来た。

そしてしばらく戦ったが、腕に銃弾を受けると、自らの部屋に入り、戸を閉じ、そこで切腹したといわれ、また他の者は、彼は**ただちに御殿に放火し、生きながら焼死した**と言った。**だが火事が大きかった**ので、どのようにして彼が死んだのかはわかっていない。彼らが知っているのは、その声だけではなく、その名だけで万人を戦慄せしめていた人間が、毛髪といわず骨といわず灰に帰さざるものは一つもなくなり、彼のものとしては地上にはなんら存在しなかったことである。

高柳光寿の『明智光秀』（1958年 吉川弘文館 より、以下同じ）

そして二日の黎明、光秀の襲撃を受けたとき、信長ははじめはしもじもの者の喧嘩ぐらいにおもって騒ぎを聞いていたが、やがて鬨の声や鉄砲の音を聴くに及んで謀反と知り、誰の企てかと近習に聞いたところ、森蘭が光秀である由を告げたので、すぐ表御殿に出て**表御堂の番衆らをもここにあつめ**、防禦の姿勢をとった。厩の台所口で防戦が行われたが、いずれも破られ、信長は自分で槍を取って戦ったが力及ばず**殿舎に火をかけ**、切腹してはてた。

本能寺襲撃後

本能寺を襲撃した軍勢は織田家当主信忠の宿所である妙覚寺へと向かったのだが、引き続きそのくだりも見てみよう。

『信長公記』

織田信忠はこの変事を聞き、信長に合流しようと思い、妙覚寺を出たところ、村井貞勝親子三人が駆けつけてきて、信忠に言った「本能寺はもはや敗れ、**御殿も焼け落ちました。**敵は必ずこちらへも攻めてくるでしょう。二条の新御所は構えが堅固で、立て籠るのによいでしょう」と。これを聞いて、ただちに二条の新御所へ入った。「ここは戦場となりますので、東宮様・若宮様は内裏にお移りになさったほうがよいでしょう」と言い…。

『惟任退治記』

村井《むらい》入道《にゅうどう》春長軒《しゅんちょうけん》（貞勝《さだかつ》）は本能寺門外に居宅を構えていた。本能寺の騒ぎを聞いてはじめは喧嘩かと思い、取るものも取りあえず外に走り出、騒ぎを鎮めようと様子を見ていると、寺は光秀の軍勢二万余騎に囲まれてしまっていた。なかに入ろうとあれこれ策をめぐらしたけれどもどうもできなかったので、信忠の陣所である妙覚寺にはせ参じ、事態を言上した……。

信忠は妙覚寺は一戦を交えるには適さないので、ほか近くに腹を切るべき陣所はないか尋ねたところ、貞勝は、忝くも親王がいらっしゃる二条御所がよろしいでしょうと答え、信忠を二条御所に案内した。親王は輿にて内裏にお移りになり、信忠は**わずか五百ばかりの人数**で御所に入った……。

光秀は信長が自害し本能寺に火の手が上がったのを見て安心し、信忠の陣所を尋ねたところ、彼は二条御所に立てこもっているとのことだった。それを聞いて光秀は軍勢を休ませることなく二条御所を急襲した……。

高柳光寿の『明智光秀』

信忠は妙覚寺にあって光秀の本能寺襲撃の報を受けた。また、京都所司代村井貞勝はその屋敷は本能寺の門外にあったので、本能寺の騒擾を聞き、はじめは喧嘩と思い、鎮定しようとしたが、やがてそれが光秀の襲撃であることを知り、すぐに本能寺に入って信長に加わろうとしたが、敵に隔てられてそれができない。そこで、妙覚寺に行って事の由を信忠に報じたのであった。信忠はこの報に接すると手兵を率いて本能寺に赴き、信長と一手になって戦おうとしたが、本能寺がすでに重囲のうちにあり、それが到底不可能だと知り、そしてまた妙覚寺の防備も甚だ不完全であったので、貞勝と議って兵五百を率いて二条の御所に入り、ここに拠って光秀の兵を防ごうとした……。

信忠は五百の手兵を率いてこの二条御所に入ると、そこが戦闘の巷となるべきことを予想して、誠仁親王および親王の皇子に上の御所（禁裏）への御成りをお願い、連歌師里村紹巴《さとむらじょうは》は町屋から荷輿を用意した。そこで親王はこれに召され、女中以下を連れて東の口から二条御所を出て、上の御所へ入られた。時に辰の刻（午前10時）であった。この移転は光秀がすでに御所を囲んだのちであり、**時間を考えるとこれは事実であったと思われる。**

ルイス・フロイスの『日本史』

彼（信忠）がこの報告（本能寺の焼き討ち）に接した時には、まだ寝床の中にいたが、急遽起き上がり、宿舎にしているその寺院（妙覚寺）は安全ではなかったので、**駆け付けた武士たちとともに**、近くに住んでいた内裏（正親町天皇）の息子（皇子誠仁親王）の邸（二条御所）に避難した。その邸は、天下において、安土についで比べるもないほど美しく豪華であり、信長が三、四年前に建築して、内裏の世子を住まわせるために与えたものであった…。このような来客は皇子にとって相当な重荷であったに違いない。信長の嗣子とともに都の所司代である村井（貞勝）殿がいたが、その進言に従って、内裏の息子は馬にまたがったまま、外側の街路にいた明智の許へ使者を派遣し、自分はいかになすべきか、切腹すべきかを質した。明智は殿下に対しては何もしようとは思っておらず、ただちに同所から出られるがよいと思う。ただし、信長の息子、城介殿が逃亡することがあってはならぬから、馬や駕籠で出ることがないように、と答えた。内裏の息子はこの報告に接すると、その女たちとともに彼の父の邸に入るため上京に向かった。

証言（史料類）の評価

惟任退治記《これとうたいじき》

執筆時期	天正10年（1582年）
主人公	明智光秀
資料の種類	一代記
所蔵・収録	続群書類従第20輯下合戦部

作 大村由己《おおむらゆうこ》

豊臣秀吉の御伽衆のひとりであった大村由己が、『天正記』という秀吉の活躍を讃えるために書いた全12巻におよぶ書物のうちの一篇で、本能寺の変から山崎の戦いを経て、信長の葬儀に至るまでを記述する。

大村由己は「光秀は元々信長に対して謀反の志があった」と断言しており、秀吉の意向が強く反映しているとみてよい。

しかし、文中からは、タイトルに反して「光秀憎し」の態度は露骨に出ていない。

光秀が愛宕神社における連歌の会で詠んだと言われる「ときは今 あめが下な(し)る五月哉」を「下しる」と記し、土岐家再興を願った光秀謀反の決意だと解釈している。

何と言っても本能寺の変からあまり時間がたっていないうちに書かれたものであることから、それなりの史料評価を得ているが、あくまでも勝者である秀吉側の文書であることを差し引くと、史料の等級としては1.5級。

信長公記《しんちょうこうき》

執筆時期	慶長15年(1610年)
主人公	織田信長
資料の種類	一代記
所蔵・収録	陽明文庫等、翻訳本あり、現在でも新書・文庫などで翻訳を読むことが出来る

作 太田牛一《おおたぎゅういち》

太田牛一は、織田信長の旧臣であり、信長の死後は丹羽長秀に仕え、その後は豊臣秀吉に仕えている。

『信長公記』は長秀・秀吉家臣時代の記録をもとに編纂された。

信長の幼少時代から永禄11年(1568年)足利義昭を奉じての上洛を経て、本能寺の変(天正10年・1582年)に至るまでの15年間の記録。

本能寺の変の記述は、事件の最中に寺から脱出したとされる女衆からの聞き取りであり、牛一が体験したものではない。

直接立ち会ったのではなく、聞き書きの部分もかなりあるので、史料の等級としては２級。

川角太閤記《かわすみたいこうき》

執筆時期　元和7～9年頃(1621～23年)
主人公　豊臣秀吉
資料の種類　読み物
所蔵・収録　出版多数

作 川角三郎右衛門《かわすみさぶろうえもん》

『川角太閤記』は、元和7年～9年頃(1621～23年)に、筑後柳川32万石、田中吉政・忠政2代に仕えた武士、川角三郎右衛門によって書かれた読み物とされている。

豊臣秀吉に関する逸話が主で、本能寺の変から関ヶ原の戦いまでを対象としている物語(読み物)であるが、肝心の本能寺の変の当日に関しては『信長公記』に委ねてしまっており、記載は省略されている。

織田信長による徳川家康接待時に光秀が用意した魚が腐っていたという話も、ここから始まっている。

関ヶ原の合戦が終わって20年以上たった江戸時代に書かれた読み物と言っていいだろう。当然、史料的な価値は低いとみなし、史料等級は3級以下。

単なる読み物なので史料等級としては低いにもかかわらず、よく事実根拠としてその記載内容が引用されたりしている。

わからないところはしかたがないので、取りあえず川角太閤記を使っておき、後に信じるに足る史料が発見されたら、その部分を置き換えていけばいい、というような傾向が強く、そのためにはうってつけだろう。

Historia de Japam (日本史)

執筆時期　天正11年～文禄3年(1583～1594年)
資料の種類　イエズス会による日本布教史
所蔵・収録　出版多数

作 Luís Fróis

キリスト教の布教史としてだけではなく、信長・秀吉ら諸侯・武将の動向から庶民の生活、災害や事件などについて詳細に描かれている。

優れた観察眼と情報収集の確実性が明らかにされており、日本史における重要な史料として高く評価されている。ただし、**すべての記述が「と噂されている」となっており、「また聞き」の体裁を取っている。**

本能寺の変の時にフロイスは京都にはいなかった。

この『日本史』は1594年に完成したが、マカオ司教座大聖堂に留め置かれ、ポルトガルに渡らなかった。1742年に本国に送付したものの、1835年に司教座聖堂が焼失した際にフロイスの原本そのものは失われた。

時は流れ、1926年にはまず第1部のみがドイツ語訳をもって刊行され、1932年にはその一部が訳出されたともいわれている。すなわち、『日本史』は200年以上、日本人の目に触れることはなかったのである。

全体としてキリスト人と反キリスト人の扱いは露骨に異なっており、様々な事件の原因を神のなせる技のように書いてしまっているので、そのあたりを差し引いて理解する必要がある。

史料の等級としては、限りなく2級に近い1.5級。

言経卿記《ときつねきょうき》

執筆時期　天正4年〜慶長13年（1576〜1608年）
主人公　特になし
資料の種類　公家の日記

作 山科言経《やましなときつね》　公家、
正二位 権中納言《ごんちゅうなごん》

公家 山科言継の息子、言経の日記。天正４年（1576年）から30年以上書かれたが、天正年間に一部欠落がある。

京の政治情勢や公家・武士の動向に関する記事が豊富。

詰将棋に関する最古の記録もある。史料としては１級。

『大日本古記録』（東京大学史料編纂所）に所収されている。

兼見卿記《かねみきょうき》

執筆時期　〜文禄元年（1592年）
主人公　特になし
資料の種類　吉田神社神主の日記

作 吉田兼見《よしだかねみ》 従二位
神祇大副兼左兵衛督《じんぎたいふけんさひょうえのかみ》

吉田神社の神主、吉田兼見が記した日記で、特に京の政治情勢に関して詳しく記されている。

他にも北野社の大茶会をはじめとする茶器・連歌などの文芸、天正大地震による若狭湾での大津波の記録など、織田信長〜豊臣秀吉時代の重要な史料の一つとされている。

本能寺の変の起こった天正10年分だけ、以前の記述分が別本として存在しており、光秀との関わりのある件が書き直されている。

これは、本能寺の変の後、光秀から銀子を受け取ったのではないかと詮議された影響で書き直したものの、元の「正直な日記」の方も処分しきれずに残ってしまったのではないかなどと、様々に分析されたり、単に紙が足りなくなったから書き直したという説もあるが、いろいろと憶測を呼びそうなところだ。

吉田兼見自身が明智光秀と非常に近しい間柄にあったと言われており、史料としては１級史料。

晴豊記《はれとよき》

執筆時期　～慶長７年（1602年）
主人公　特になし
資料の種類　公家 勧修寺晴豊の日記

作 勧修寺晴豊《かじゅうじはれとよ》 公家、従一位准大臣《じゅんだいじん》 贈内大臣《ぞうないだいじん》

『晴豊記』は信長や本能寺の変に関する多くの記述がある、史料価値が高い１級史料とみなされている。

晴豊自身が武家伝奏（室町幕府の役職の一つで、武家の奏請を朝廷に取り次ぐのが役割。公家が任じられた）であり、織田信長・明智光秀・羽柴秀吉などと交流が深かった点から、当時の政治情勢・武家の動きなど、詳細な記述が見られる。

本能寺の変の前日の６月１日、勅使として甘露《かんろ》寺《じ》経元《つねもと》と共に本能寺を訪れ、織田信長と会見。信長の嫡男織田家当主織田信忠《のぶただ》が籠城した二条御新造などの状況を記録している。

山崎の戦い後には、明智光秀の女の一人を保護している。

誠仁《さねひと》親王の御后晴子は晴豊の妹であり、後陽成《ごようぜい》天皇の母親。

当代記《とうだいき》

執筆時期　～寛永21年（1645年）
主人公　徳川家当主
資料の種類　読み物

作 松平忠明《まつだいらただあきら》

徳川家康の業績を中心にして、天文年間の三好氏の事跡から織田信長の上洛を経て、江戸時代初期の慶長20年（1615年）の期間の出来事を記しており、戦国期から江戸時代初期の政治社会・文化・分次・災害・世相等が描かれている。

信長時代に関しても、他の資料に見られない考証を重ねられた内容も散見できるが、小瀬甫庵《おぜほあん》が『信長公記』を大衆向けに脚色した『信長記』からの影響が認められる部分も多く、信憑性は不確かな部分も多い。史料としては２級。

明智軍記《あけちぐんき》

執筆時期　元禄元年～15年（1688～1702年）
主人公　明智光秀
資料の種類　軍記読み物

作 不明

明智光秀の美濃脱出から本能寺の変を経て山崎の戦いの後、小栗栖の竹藪で殺害されるところまでが書かれている。

明智光秀の**死後100年ほど経った江戸時代のど真ん中である元禄時代に書かれた「軍記物」**であり、娯楽読み物としての創作が大半で、他の史的資料との整合性を欠く部分が多々あり、一般的に史料価値はないとされる。

それにもかかわらず、『明智軍記』の記載内容を歴史的事実とし記載している書物や研究者の発表も多く存在する。このことは、いかに明智光秀に関する史料が少ないかを表していると言えよう。史料等級は、もちろん「論外」。

多聞院日記《たもんいんにっき》

執筆時期　～元和４年（1618年）
主人公　特になし
資料の種類　奈良興福寺多聞院の日記

作 英俊《えいしゅん》 他

『多聞院日記』は奈良興福寺《こうふくじ》の塔頭《たっちゅう》多聞院において、文明10年（1478年）から元和４年（1618年）にかけて140年もの間、僧の英俊をはじめ、三代の筆者によって延々と書き継がれた日記。

当時の近畿一円の記録が僧侶たちの日記からわかる１級史料である。室町時代末期から江戸時代初頭の大坂冬の陣、夏の陣と近畿地方の情勢を物語る貴重な断片的情報が記述されている。信長の大和郡山支配に係る筒井順慶《つついじゅんけい》との関係も詳しく記されている。

ただ、多聞院のある興福寺はご承知のとおり奈良にあり、当時としてはこの距離は速報性に欠ける。どうしても伝聞による記載が多くなってしまい、**一旦書いたものの、あとから間違いだったと訂正する箇所が結構ある。**

もっともこのことは、それだけこの日記が正直に書かれているものだという見方もできよう。

史料としては１級。

群書類従《ぐんしょるいじゅう》

執筆時期　安永８年（1779年～）
主人公　特になし
資料の種類　資料集

作 塙《はなわ》 保己一《ほきいち》と
その弟子たち

江戸時代の国学者、塙 保己一は、古書が散逸してしまうのを憂い、幕府・諸大名・寺社・公家の協力のもと、1273点に及ぶ古代からの史書・文学作品を収集、木版で刊行した。

その後、弟子たちの手に事業は引き継がれ、「続群書類従」が編纂され続け、最後は昭和47年（1972年）に37輯《しゅう》が刊行され、完結した。

今回、本能寺の変の定説を裏づける証拠になってきた、ここに紹介した史料類の多くも、この群書類従・続群書類従に収録されて今の世に伝わっているものだ。

よって、群書類従・続群書類従を編纂する過程で塙 保己一たちが集めた史料類が、あらかじめ改ざんされたりして提供されていた場合、それがそのまま伝わってしまっていることも考えられる。

疑い出せばきりがないというところだが、原本が残っているに越したことはないのである。

以上、証拠としての史料類をざっと見てきたが、玉石混淆というか、史料的価値が認められるものから単なる読み物まである。全体として価値の高そうな史料類が少ないのは、やはり敗者の歴史であり、特に密接に関わっていてこの事件の後に政権を担うことになる豊臣秀吉の影響が大きいと考えられる。

このような状態のまま光秀像は固まっていったのだが、昭和になって、明智光秀の一代記をまとめた歴史学者が現れた。本能寺の変だけではなく、その生い立ちから死までの生涯を綴った最初の成果だ。

それが、國學院大學・大正大学で歴史学教授を務めた高柳光寿氏の『明智光秀』だ。1958年に吉川弘文館から発刊され、現在も絶版とならずに人物叢書に収められている。

江戸時代から語り伝えられてきた定説を改めて現在の歴史学の立場から見直し、しっかりとまとめあげた最初の本(研究)だと言えよう。今でこそ内容は、新発見史料の登場などで徐々に改められていってはいるが、この最初の試みは、やはり金字塔だと言ってよい。よって本書では、史料ではないものの、高柳氏の見解は折に触れて取り上げさせていただく。

忠臣蔵と勘違いしてはいけない戦国時代

戦国時代というと「下克上」という言葉が思い浮かぶ。そして、どうも日本人にとってそれはあまり良いイメージでは捉えられていない。同様に、「謀《はかりごと》」という言葉も、何か悪いことをしているように捉えられる。

それは、間違いだ。戦国時代とは、もっと「喰うか喰われるか」という時代で、義理も忠義もへったくれもない時代だった。もちろん、「武士道」などという言葉もない。そういった概念は、いずれも江戸時代中期(元禄時代頃)に確立された考え方で、平和な時代の美学の追究みたいなものだ。

では、戦国時代の大原則とは何であろうか。

それは、「喰わせてくれる人についていく」というものだ。よって、喰うためには自分の領土を何としても死守しようとするし、喰うに足りなくなれば、隣から奪い取ることを考える。最初は単に武力で奪い取るだけだったが、そのうちに自発的に裏切らせることで、武力を用いないで奪い取る方が損失が少なくて済むということに気づき、盛んに調略や謀略が行われるようになった。そう、これも悪気などないのだ。より良い条件で「喰わせてくれる」人に寝返っても、それは悪でも何でもないのである。

下克上の権化、尼子経久《あまごつねひさ》も「調略は大きければ大きいほど、複雑であれば複雑であるほどよい」と言ったとか言わなかったとか。現在の感覚で言えば、戦国大名は皆「大悪党」ということになろう。

しかし実際は、光秀が信長を討ったとしても、それは「よくある事件」の一つにすぎなかったのだ。時代の転換点になったというのは、あくまでも後世の評価。

第二章

当時の状況

天正10年6月2日の織田家勢力図

天正10年6月2日の織田家勢力図
能登
越後
春日山城
陸奥
上杉景勝
柴田勝家
北陸方面軍
不破光治
佐々成政
前田利家
魚津城
松倉城
越中
賀
沼田城
海津城
森 長可
上田城
上野
下野
箕輪城
厩橋城
滝川一益
飛騨
深志城
木曽義昌
深谷城
常陸
忍城
松倉城
姉小路頼綱
信濃
武蔵
河越城
高遠城
木曽福島城
北条氏直
甲斐
河尻秀隆
八王子城
美濃
飯田城
毛利長秀
岐阜城（織田信忠）
大垣城
下山城
（穴山梅雪）
相模
尾張
上総
小田原城
清洲城
三河
徳川家康
駿河
安房
岡崎城
（徳川家康）
神戸城
（神戸信孝）
遠江
伊豆
浜松城
高天神城
濃津城
田信包
ヶ島城
織田信雄
鳥羽城
（九鬼嘉隆）
志摩
明智光秀の勢力が強い範囲
羽柴秀吉の勢力が強い範囲
丹羽長秀の勢力が強い範囲
柴田勝家の勢力が強い範囲
滝川一益の勢力が強い範囲
森 長可の勢力が強い範囲
姉小路頼綱の勢力が強い範囲
木曽義昌の勢力が強い範囲
毛利長秀の勢力が強い範囲
河尻秀隆の勢力が強い範囲
穴山梅雪の勢力が強い範囲
徳川家康の勢力が強い範囲
その他織田家の勢力が強い範囲
赤色の文字は織田家
緑色の文字は織田家の同盟者
黒色の文字は織田家の敵対勢力

この地図は、本能寺の変当日に主な武将たちがどこにいたかを示している。京の周辺は既に織田家の勢力下にあり、この時点で織田家に敵対する勢力としては、大きく越前の上杉家、関東の北条家、中国の毛利家、四国の長宗我部家の4勢力。そして、おりしもこの日（6月2日）は、神戸信孝を総大将とした四国征討軍が四国へと渡海する予定の日だった。地図上で城の脇に記された名前は、この時の城主。その名前が薄くなっている場合は、この日居城には不在だったことを表す。

当時の京都

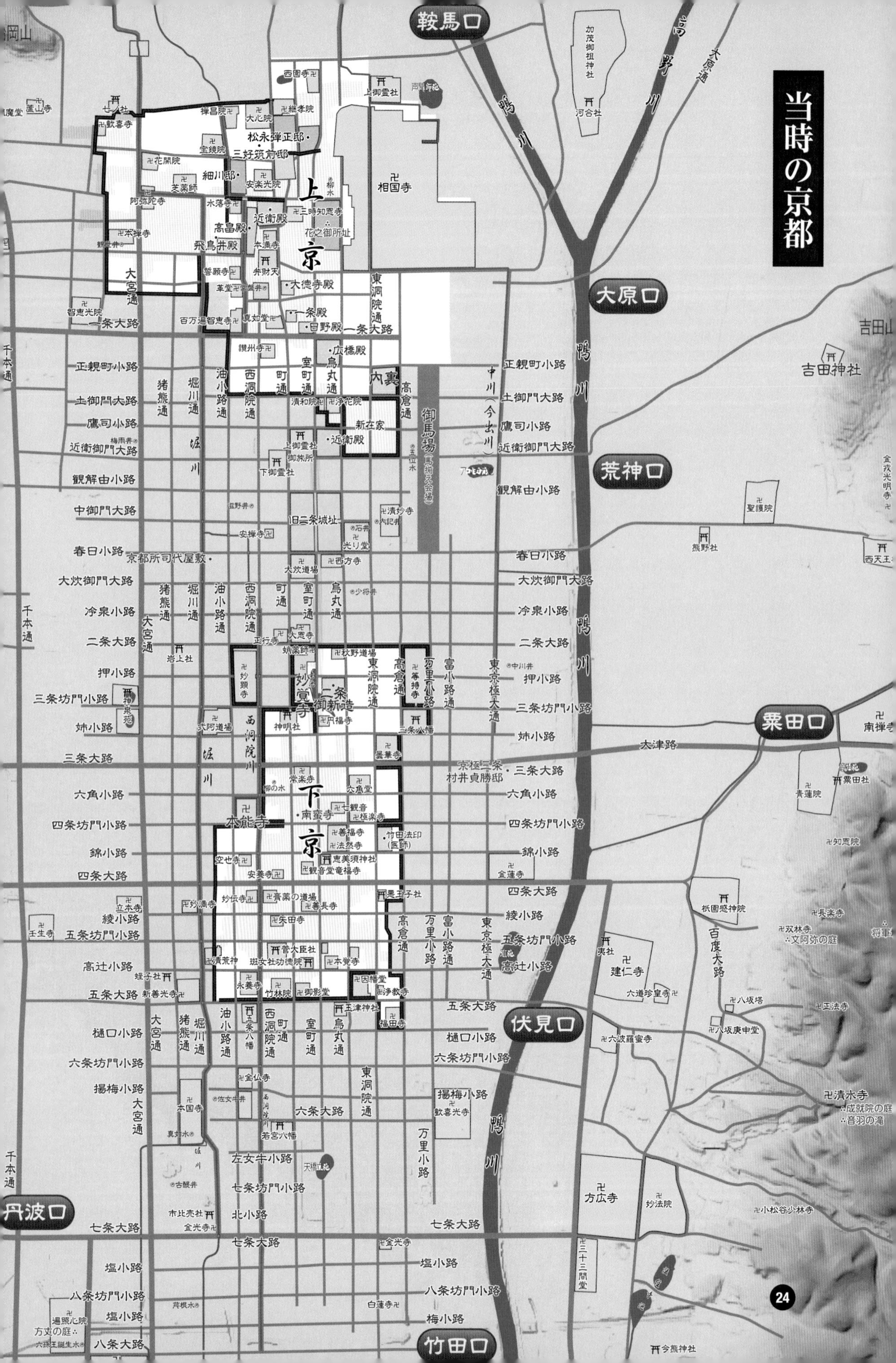

鞍馬口
大原口
荒神口
粟田口
伏見口
丹波口
竹田口
上京
下京
内裏
加茂御祖神社
河合社
大原通
高野川
鴨川
相国寺
上御霊社
西園寺
継孝院
禅昌院
大心院
松永弾正邸
三好筑前邸
宝鏡院
花開院
細川邸
安楽光院
芝薬師
阿弥陀寺
水落寺
三時知恩寺
花之御所址
高畠殿
近衛殿
本禅寺
飛鳥井殿
本満寺
弁財天
誓願寺
革堂
大徳寺殿
東洞院通
一条殿
日野殿
一条大路
真如堂
百万遍智恵寺
智恵光院
大宮通
七ノ社
歓喜寺
閻魔堂
蘆山寺
讃州寺
広橋殿
正親町小路
土御門大路
鷹司小路
近衛御門大路
観解由小路
中御門大路
春日小路
大炊御門大路
冷泉小路
二条大路
押小路
三条坊門小路
姉小路
三条大路
六角小路
四条坊門小路
錦小路
四条大路
綾小路
五条坊門小路
高辻小路
五条大路
樋口小路
六条坊門小路
揚梅小路
六条大路
左女牛小路
七条坊門小路
北小路
七条大路
塩小路
八条坊門小路
梅小路
八条大路
千本通
猪熊通
堀川通
堀川
油小路通
西洞院通
町通
室町通
烏丸通
高倉通
新在家
清和院
浄花院
上御霊社
御旅所
下御霊社
御馬場
中川（今出川）
旧二条城址
清妙寺
光り堂
安禅寺
京都所司代屋敷
大炊道場
西方寺
行願寺
因幡堂
妙顕寺
妙覚寺
二条御新造
秋野道場
等持寺
万里小路通
富小路通
東京極大通
三条八幡
円福寺
神明社
式阿道場
神泉苑
岩上社
曇華寺
京極三条村井貞勝邸
大津路
常楽寺
六角堂
南蛮寺
七観音
極楽寺
本能寺
善福寺
法然寺
竹田法印（医師）
恵美須神社
観音堂竜福寺
空也寺
安養寺
金蓮寺
妙伝寺
誓願の道場
善長寺
妙満寺
立本寺
壬生寺
矢田寺
菅大臣社
班女社功徳院
本覚寺
清荒神
永養寺
竹林院
御影堂
浄教寺
福田寺
玉津神社
新善光寺
五条八幡
金仏寺
佐女牛井
本国寺
若宮八幡
醍醐水
天神社
古醍井
市比売社
金光寺
遍照心院
方丈の庭
六孫王誕生水
芹根水
白蓮寺
金光寺
歓喜光寺
聖護院
熊野社
西天王
南禅寺
粟田社
青蓮院
知恩院
祇園感神院
長楽寺
双林寺
文阿弥の庭
百度大路
八坂塔
正法寺
八坂庚申堂
建仁寺
六道珍皇寺
六波羅蜜寺
清水寺
成就院の庭
音羽の滝
方広寺
妙法院
三十三間堂
小松谷少林寺
今熊神社
吉田山
吉田神社
岡山

現在の京都

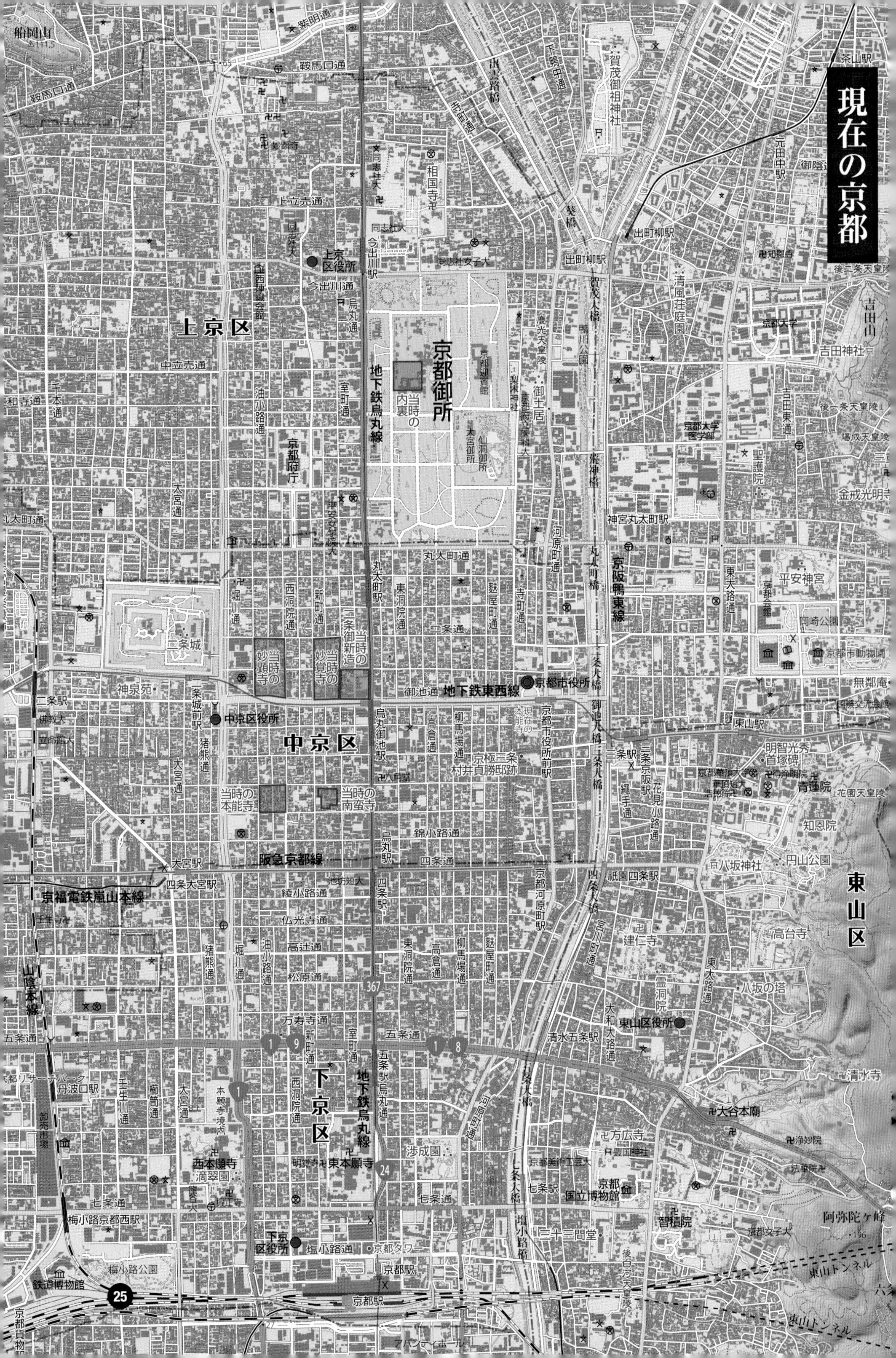

船岡山
紫明通
鞍馬口通
下鴨中通
出雲路橋
賀茂御祖神社
茶山駅
元田中駅
御陰通
寺町通
相国寺
同志社大
上立売通
葵橋
出町柳駅
今出川駅
上京区役所
同志社女子大
知恩寺
今出川通
烏丸通
西陣織会館
清風荘庭園
賀茂大橋
京都大学
吉田山
吉田神社
上京区
京都迎賓館
京都御所
当時の内裏
地下鉄烏丸線
鴨川公園
廣光天皇陵
梨木神社
御土居
京都府立医科大
中立売通
千本通
室町通
油小路通
大宮御所
仙洞御所
後一条天皇陵
京都大学医学部
吉田東通
陽成天皇陵
京都府庁
聖護院
金戒光明寺
荒神橋
大宮通
平安女学院大
丸太町通
河原町通
神宮丸太町駅
丸太町橋
京阪鴨東線
丸太町駅
西洞院通
新町通
東洞院通
麩屋町通
寺町通
東大路通
平安神宮
京都会館
岡崎公園
堀川通
二条通
二条城
当時の妙顕寺
当時の妙覚寺
二条御新造
京都市動物園
神泉苑
御池通
地下鉄東西線
京都市役所
御池大橋
無鄰庵
二条駅
二条城前駅
中京区役所
佛教大
立命館大
烏丸御池駅
高倉通
柳馬場通
現在の本能寺
京都市役所前駅
三条駅
東山駅
三条大橋
中京区
京極三条
村井貞勝邸跡
三条京阪駅
明智光秀首塚碑
京都華頂大学
華頂短大
青蓮院
花園天皇陵
猪熊通
六角堂
当時の本能寺
当時の南蛮寺
縄手通
花見小路通
知恩院
錦小路通
大宮駅
阪急京都線
烏丸駅
四条通
八坂神社
円山公園
祇園四条駅
四条大橋
東山区
四条大宮駅
池坊短大
京福電鉄嵐山本線
壬生寺
綾小路通
四条駅
京都河原町駅
仏光寺通
宮川町通
建仁寺
高台寺
高辻通
山陰本線
松原通
八坂の塔
霊洞院
万寿寺通
大和大路通
東山区役所
五条通
清水五条駅
五条駅
下京区
清水寺
京都リサーチパーク
丹波口駅
壬生川通
櫛笥通
本願寺境内
西本願寺
滴翠園
龍谷大
興正寺
卸売市場
渉成園
東本願寺
明覺寺
大谷本廟
方広寺
豊国神社
浄妙院
京都美術工芸大
京都国立博物館
法華院
七条通
七条駅
七条大橋
智積院
阿弥陀ヶ峰
梅小路京都西駅
下京区役所
塩小路通
京都タワー
三十三間堂
京都女子大
梅小路公園
京都駅
鉄道博物館
塩小路橋
後白河天皇陵
東山トンネル
京都貨物
アバンティホール

その時、誰が何処にいたのか

京都所在

織田信長《おだのぶなが》

所在地　本能寺

天文《てんぶん》3年（1534年） 5月12日生まれ、この時48歳。

家督は名目上嫡男信忠《のぶただ》に譲ったものの、織田家の最高実力者。元正二位右大臣《しょうにいうだいじん》（この時点では辞任しており、無冠）。居城は近江の安土城。

5月17日、駿河を拝領した徳川家康《とくがわいえやす》と旧領を安堵された元武田家家臣の穴山梅雪《あなやまばいせつ》（信君《のぶただ》）が御礼言上のため安土を訪れている最中、中国地方に出陣、毛利と対陣していた羽柴秀吉《はしばひでよし》から、援軍要請の手紙が届く。

出陣を決めた信長は家康饗応役だった明智光秀に、帰国して直ちに中国出撃準備を命じると共に、光秀の与力として細川忠興《ほそかわただおき》・池田恒興《いけだつねおき》・塩河長満《しおかわながみつ》・高山右近《たかやまうこん》・中川清秀《なかがわきよひで》・筒井順慶《つついじゅんけい》にも自国に戻り、直ちに出陣準備をするように命じる。

信長自身は、29日に安土城留守居の蒲生賢秀《がもうかたひで》にも中国出陣の準備を命じた後、少数の供回りのみを連れて京へ入る（宿所は本能寺《ほんのうじ》）。

6月1日朝、勧修寺晴豊《かじゅうじはれとよ》と甘露寺経元《かんろじつねもと》の2人の公家が勅使として信長の元を訪れ、その後、40名近い公家の訪問を受ける。その場で信長は、公家衆に「4日に中国に出陣する」旨を発表。この日、安土から信長所有の銘茶器が多数本能寺へと運ばれた。大茶会が催されたのではないかとの説があるが、定かではない。

夕刻、嫡男信忠《のぶただ》が本能寺を訪れる。共に本因坊算砂《ほんいんぼうさんさ》と鹿塩利賢《かしおりげん》による囲碁の対局を観戦。対戦はなかなか勝負がつかず、対局が終わり、信忠が宿所の妙覚寺に帰ったのは、夜中になってのことだった。

織田信忠《おだのぶただ》

所在地　妙覚寺

弘治《こうじ》3年（1557年） 生まれ、この時25歳。

織田信長嫡男、織田家当主。従三位左近衛中将《じゅさんみさこんえちゅうじょう》。居城は美濃《みの》の岐阜城《ぎふじょう》。

5月21日、安土で饗応中の徳川家康・穴山梅雪一行が京・大坂・奈良・堺の見物に向かったのと同じ日、信忠も京へ向かい、宿所の妙覚寺《みょうかくじ》に入る。

この後、再度家康一行と行動を共にして29日の信長上京時には堺におり、家康一行と別れて急遽京へと戻った（陸軍参謀本部編 日本戦史）。6月1日は夕刻より本能寺に信長を訪ね、歓談の後、囲碁の対局を観戦して夜中に宿所の妙覚寺に戻る。

村井《むらい》長門守《ながとのかみ》貞勝《さだかつ》

所在地　本能寺脇の自宅

永正《えいしょう》17年（1520年）生まれと言われているが、定かではない。そうだとすると、この時62歳。

織田家奉行衆で文官。天正《てんしょう》元年（1573年）から、京都所司代《きょうとしょしだい》を務め、信長支配下の京の行政責任者。

天正８年に信長の宿所にするため、本能寺の改修工事を受け持ち、翌天正９年に家督を長男貞成《さだなり》に譲って出家。春長軒《しゅんちょうけん》と号する。6月1日夜は、織田信長・信忠親子と夜半まで同席。

6月２日夜明け前に本能寺に隣接する自宅で、外で喧嘩騒ぎでも起こっているのかと思って外に出て事変を知ったといい、その後妙覚寺に走り、事変について信忠に告げたという。

そのまま信忠と共に妙覚寺から二条御新造に移って戦い、２人の息子と共に討ち死にしている。

6月1日の動きには、不自然なところが多い。

誠仁親王《さねひとしんのう》

所在地　二条御新造

天文《てんぶん》21年（1552年）生まれ、この時30歳。正親町《おおぎまち》天皇の嫡男。

永禄《えいろく》11年（1568年）に親王宣下《しんのうせんげ》を受け元服、正式に皇太子となったが、その費用を負担したのが、織田信長。また、信長が室町幕府第15代将軍足利義昭《あしかがよしあき》のために防御を強化して造った「二条御新造《にじょうごしんぞう》」を、義昭追放の後に譲られて使用。この時も二条御新造にいた。

勧修寺《かじゅうじ》晴豊《はれとよ》（かんじゅじ）

所在地　自宅

天文《てんぶん》13年（1544年）２月24日生まれ（慶長《けいちょう》７年（1602年）年12月８日没）。この年38歳。

公家、従一位准大臣《じゅいちいじゅんだいじん》。

日記『晴豊記《はれとよき》』には信長や本能寺の変に関する記述も多く、史料価値が高い１級史料とみなされている。

本能寺の変前日の１日、勅使として甘露寺経元と共に本能寺を訪れ信長と会見。おそらく、村井貞勝を交えて信長の三《さん》職推任《しょくすいにん》問題※を話し合ったのではないかといわれている。

武家伝奏《ぶけてんそう》を務めており、秀吉や光秀とも昵懇の仲。

山崎の戦い後には、光秀の女子の一人を保護している。

※三職推任問題：104頁参照。

里村紹巴《さとむらじょうは》

所在地　二条御新造付近

大永《たいえい》5年（1525年）生まれ、この時57歳。連歌師《れんがし》。

明智光秀が5月28日（25日説もある）に山城《やましろ》・丹波《たんば》国境の愛宕山威《あたごやまい》徳院《とくいん》で開いた連歌の会に参加。

織田信忠が妙覚寺から二条御新造に移って戦った際、中にいた誠仁親王は徒歩で外に出された。

たまたま通りがかった紹巴は、外に出されて呆然とする親王たちを救出するために荷車と輿を用意、誠仁親王を無事に内裏へ逃がしたといわれているので、紹巴は、少なくとも現場にいたことになる。

しかし、そんなに都合良く「たまたま通りがかって」「荷車を用意」できるものだろうか。しかも早朝。

これは、何か裏があるのかと勘繰りたくなる。

山科言経《やましなときつね》

所在地　自宅と思われる

天文12年（1543年）生まれ、この時39歳。

正二位権中納言《しょうにいごんちゅうなごん》。医療に詳しい公家で、実際に知人たちに医療活動を行っていた。

本能寺の変については、自身の日誌『言経卿記』にかなり詳細に記録している。

長谷川宗仁《はせがわそうにん》

所在地　自宅と思われる

天文8年（1539年）生まれ、この時43歳。京都の町衆・茶人。織田信長側近。

本能寺の変が勃発した時にどこにいたのかは定かではないが、直ちに備中《びっちゅう》の羽柴秀吉に宛てて飛脚を送っていることから、京にいたことは間違いないと思われる。

吉田兼見《よしだかねみ》

所在地　自宅（吉田神社）

天文4年（1535年）生まれ、この時47歳。

吉田神社神主で、日記『兼見卿記』を残す。

細川藤孝の従兄弟にあたり、将軍足利義昭、織田信長、羽柴秀吉、明智光秀といった、当時大物の武家たちとの親交が深い。

『兼見卿記』は正本と別本の2種類があり、正本は天正10年1月から12月までの記録が揃う本で、別本は1月から6月12日までの記録しかない。別本の都合の悪い箇所を書き換え、新たに正本を作成。正本では、安土での光秀との面会や、朝廷との仲介役をした件などが書き換えられている。

一説によると、本能寺の変の後、光秀が安土城から持ち出した銀50枚をもらい受けたことが秀吉に発覚しそうになって、慌てて隠蔽工作を行った結果ともいわれている。

中国援軍（秀吉の要請によって出撃する援軍）

惟任《これとう》（明智《あけち》）日向守《ひゅうがのかみ》光秀《みつひで》

出生年が不明のため、この時の年齢も不明。54歳～69歳まで諸説あり。

元、足利幕府京都奉行。天正3年（1575年）、朝廷より惟任の賜姓と従五位下日向守《じゅごいのげひゅうがのかみ》の任官を受け、以後惟任を名乗る。織田信長配下となってからは、一位二位を争う有力家臣となった。近江《おうみ》坂本《さかもと》・丹波《たんば》を領有。居城は近江は坂本城《さかもとじょう》、丹波は亀山城《かめやまじょう》など複数。

5月17日、信長による中国出兵の命を受け、坂本城へ入る。

5月26日、坂本から丹波亀山へと移る。

5月28日、愛宕山威徳院で連歌の会を催す。

6月1日、丹波亀山を出陣。

筒井順慶《つついじゅんけい》

天文18年（1549年）生まれ、この時33歳。

永禄8年（1565年）、松永久秀に奇襲され、居城の筒井城を失って河内国へと逃れた。

一族の布施氏の庇護の下で反撃の時を待ち、翌年から対松永久秀反撃作戦を開始。ついに筒井城の奪還に成功する。

が、その時既に松永久秀は織田信長に臣従していた。

松永憎しの順慶はなかなか織田への臣従を拒み続けていたが、元亀2年（1571年）、明智光秀の斡旋により織田信長の臣下となった。

天正4年(1576年)、信長によって大和一国を任される。居城は大和郡山城。

信長によって光秀とともに中国出陣を命じられ、帰国して準備。本能寺の変勃発によって出陣は取りやめとなる。

予定どおりに出陣していたら、京の近辺で光秀と合流する予定だったのではないかとも言われている一方で、実は光秀に荷担していたのではないかとも言われている（最終的には光秀に荷担することはなかった）。

中国援軍の構成

○総司令官　惟任（明智）光秀

【光秀家臣団】

明智秀満《あけちひでみつ》　明智家筆頭家老の一人。光秀の女婿（従弟説もあり）、丹波福知山《たんばふくちやま》城主

明智光忠《あけちみつただ》　光秀の従父弟、丹波八上《たんばやかみ》城主

斎藤利三《さいとうとしみつ》　明智家筆頭家老の一人。幕府奉公衆出身、丹波《たんば》黒井《くろい》城主。母が四国の長宗我部《ちょうそかべ》家の重臣石谷《いしがい》氏に嫁ぎ（再婚）、その娘が長宗我部元親《もとちか》の妻となる。

溝尾茂朝《みぞおしげとも》　重臣、どちらかといえば文官

藤田行政《ふじたゆきまさ》　重臣、山城静原《やましろしずはら》城主

伊勢貞興《いせさだおき》　元幕臣（政所執事《まんどころしつじ》）、行政能力に長けた重臣

山崎長徳《やまざきながのり》　朝倉家旧臣

並河易家《なみかわやすいえ》　元丹波衆として光秀に従う

明智十五郎光慶《あけちじゅうごろうみつよし》　光秀長男、坂本城留守居

阿閉貞征《あつじさだゆき》　織田信長旗本衆。秀吉の長浜城《ながはまじょう》を占拠

【与力】

妻木広忠《つまきひろただ》　光秀の叔父と言われている。美濃妻木《みのつまぎ》城主

京極高次《きょうごくたかつぐ》　名門京極家の出、没落後、織田家に仕える

山崎賢家《やまざきかたいえ》　（片家）　近江犬山郡山崎《おうみいぬやまぐんやまざき》城主

筒井順慶　（後述）

細川忠興《ほそかわただおき》　光秀の盟友細川藤孝《ふじたか》の嫡男。正室は光秀娘、たま（ガラシヤ）。

【与力　近畿留守居】（中国出陣・四国征伐で手薄になった近畿地方の防御担当）

池田恒興《いけだつねおき》　自称紀伊守《きいのかみ》、摂津兵庫《せっつひょうご》城主

高山右近　従五位下大蔵少輔《じゅごいのげおおくらしょうゆう》、摂津高槻《せっつたかつき》城主

中川清秀《なかがわきよひで》　摂津茨木《せっついばらき》城主

塩川長満《しおかわながみつ》　摂津山下《せっつやました》城

この4人の与力は、信長から戦準備をするように命じられて光秀と同日に安土から帰国したが、6月2日に実際にどこで何をしていたのかは不明。

羽柴《はしば》筑前守《ちくぜんのかみ》秀吉《ひでよし》

天文6年（1537年）2月6日生まれ、この時45歳。

中国方面軍の司令官として播磨・備前・但馬・因幡・美作・伯耆の一部を平定。続いて備中に攻め入り、高松城をめぐって毛利家と対峙。

4月15日	毛利方の備中高松城（城主 清水宗治）を包囲
5月 7日	高松城を水攻めにすることに決する。
5月 8日	高松城を水没させるための築堤工事を開始
5月15日	織田信長宛に援軍要請の手紙を出す
5月19日	高松城築堤工事完了、高松城水没。水攻めを開始しつつ、一方で毛利方と和睦交渉も開始。中国援軍の構成。

中国方面軍の構成

○総司令官　羽柴秀吉

【秀吉家臣団】

羽柴秀長《はしばひでなが》　秀吉の異父弟。

羽柴秀勝《はしばひでかつ》　織田信長四男、秀吉の養嗣子《ようしし》。

杉原家次《すぎはらいえつぐ》　秀吉の伯父（正室寧々《ねね》の母方の兄）

蜂須賀《はちすか》（小六《ころく》）正勝《まさかつ》　大永6年（1526年）生まれ、この時56歳。もともと尾張国海東郡を拠点とする国衆の一人。斎藤道三《さいとうどうさん》（美濃守護代《みのしゅごだい》、稲葉山《いなばやま》城主）・織田信賢《おだのぶかた》（尾張岩倉《おわりいわくら》城主）に仕えた後、織田信長に攻められて甲斐へ落ち延びる。羽柴秀吉の父 弥右衛門《やえもん》が正勝の父正利《まさとし》の配下だった縁で、秀吉がとりもって織田家へ仕官。秀吉の与力となる。

堀尾吉晴《ほりおよしはる》　天文12年（1543年）生まれ、この時39歳。岩倉城の織田氏に仕えた重臣。岩倉織田家滅亡後、浪人を経て信長に仕え、木下藤吉郎《きのしたとうきちろう》（羽柴秀吉）の与力となった。

神子田正治《みこだまさはる》　生年不詳。織田信長が美濃攻めを行っていたころに、木下藤吉郎（羽柴秀吉）に請われて家臣となる。備中庭瀬《にわせ》城主。

宇喜多忠家《うきたただいえ》　備前の戦国大名宇喜多直家《なおいえ》の病死によって跡を継いだ秀家《ひでいえ》が幼かったことから後見人となり、秀吉軍に参陣。秀吉子飼いの家臣ではないものの、一門同等の扱いを受けた、秀吉軍主力部隊の一つ。

黒田孝高《くろだよしたか》（官兵衛《かんべえ》・如水《じょすい》）　備前の守護赤松《あかまつ》氏の重臣で御着城《ごちゃくじょう》の小寺《こでら》氏に仕えて姫路城代だったが、後に秀吉に臣従。押しも押されぬ秀吉の懐刀、軍師として活躍。秀吉の事実上の作戦立案者。

仙石秀久《せんごくひでひさ》　もとは美濃斎藤龍興《さいとうたつおき》の家臣。龍興が織田に敗れてからは浪人の後、秀吉の馬廻衆《うままわりしゅう》となり、秀吉と共に転戦。この時は播磨茶臼山《はりまちゃうすやま》城主。

四国征討軍（対 長宗我部元親）

神戸《かんべ》三七郎信孝《さんしちろうのぶたか》

永禄元年（1558年）4月4日生まれ。この時24歳。織田信長の三男。永禄11年（1568年）に伊勢の神戸氏に養嗣子入り。以後、神戸三七郎信孝と名乗る。

これまでは遊軍として戦に関わることばかりであったが、四国の長宗我部氏との戦に際し、総大将に抜擢される。

伊勢の国衆・浪人衆に伊賀・甲賀衆、雑賀衆まで加えて1万7000の兵力を何とか寄せ集め、5月28日・29日にかけて摂津に進出、住吉に着陣。

九鬼嘉隆《くきよしたか》率いる水軍を堺に用意させ、6月2日に淡路島へ渡海することとしていた。

なお、副将として織田家二番家老の丹羽長秀が付けられたのは、やはり、若さ故の信頼感のなさか。

惟住《これずみ》（丹羽《にわ》）越前守《えちぜんのかみ》長秀《ながひで》

天文4年（1535年）9月20日生まれ、この時47歳。織田家においては、柴田勝家に次ぐ二番家老。若狭後瀬山《わかさのちせやま》城主。朝廷より惟住の姓を賜る。

5月17日、羽柴秀吉からの援軍要請をうけて明智光秀らが出陣準備で帰国した後、徳川家康・穴山梅雪一行の接待役を引き継ぐ。

三好康長・蜂屋頼隆と共に四国征討軍総大将神戸信孝の副将を命じられ、家康一行が大坂に向かうのに同行。

四国征討軍の構成

○総司令官

神戸信孝　摂津住吉に滞陣中。

○副将

丹羽長秀　神戸信孝と共に摂津住吉に滞陣中。

三好康長《みよしやすなが》　阿波岩倉城主、河内高屋城主。長宗我部元親に圧迫されて信長を頼った四国勢。旧領奪還を狙い、先鋒として既に四国に渡っている。この時、阿波一宮城・夷山城《えびすやまじょう》を攻略中。

【四国先鋒隊】（総勢6000と言われている）

天正9年（1581年）3月、阿波・讃岐に領地をもち、長宗我部元親に圧迫されて織田信長を頼っていた三好康長と嫡男康俊《やすとし》・十河存保《そごうまさやす》は、阿波に渡り、長宗我部氏と戦いを始めていた。

三好康俊《みよしやすとし》　父、康長と共に阿波一宮城・夷山城を攻略中。

十河存保《そごうまさやす》　天文23年（1554）年生まれ、この時28歳。室町幕府摂津守護代三好長慶《みよしながよし》の弟、実休《じっきゅう》の次男。永禄4年（1561年）、讃岐十河城主十河一存の急死を受け、養子に入り家督を継ぐ。

【住吉・堺集結軍】（総勢1万4000）

蜂屋頼隆《はちやよりたか》　天文3年（1534年）生まれと言われており、そうであればこの時48歳。織田信長家臣、岸和田城主。6月2日の四国渡海に備え、岸和田城で準備中。

九鬼嘉隆《くきよしたか》　天文11年（1542年）生まれ、この時40歳。織田家の水軍を率いる。志摩と摂津の一部を領する3万5000石の大名だが、ほとんど堺にいたと言われている。この時も四国渡海のために水軍を率いて堺で待機中。

津田信澄《つだのぶずみ》（織田信澄《おだのぶずみ》）　弘治元年（1555年）生まれ、この時27歳。織田信長実弟信行《のぶゆき》の息子。正室は明智光秀の娘。天正6年頃から津田を名乗り始める。信長の遊軍として各地を転戦。以後、大坂に常駐し、四国征討軍が編成されると大坂城で準備にあたっていた。

北陸方面軍（対上杉景勝）

柴田《しばた》修理亮《しゅりのすけ》勝家《かついえ》

大永２年（1522年）生まれ、この時60歳。織田家筆頭家老。従五位《じゅごい》下修理亮《のげしゅりのすけ》。天正４年に北陸方面の総司令官に任命され、与力として信長から前田利家《まえだとしいえ》、佐々成政《さっさなりまさ》、不破光治《ふわみつはる》を付けられ、加賀《かが》平定に着手。天正８年（1580年）に平定。その後、能登《のと》・越中《えっちゅう》に進出。上杉氏との戦いが続いた。天正10年は、３月から上杉方の魚津城《うおづじょう》・松倉城《まつくらじょう》を攻めていた。居城は北ノ庄城《きたのしょうじょう》。

北陸方面軍の構成（総勢4万8000）

○**総司令官　柴田勝家**

【勝家家臣団】

柴田勝豊《しばたかつとよ》　勝家の甥、丸岡《まるおか》城主。

【与力（府中三人衆）】

最も古くから勝家の与力となっており、勝家の信頼も厚かった。いずれも越前府中に居城をもつところから、府中三人衆と呼ばれる。

佐々成政《さっさなりまさ》　天文５年（１５３６年）生まれ、この時46歳。越前府中小丸城主、後に越中富山城主。

前田利家《まえだとしいえ》　天文７年（１５３８年）12月25日生まれ、この時44歳。勝家の与力を務めつつ、時に織田信長直接の命で各地を転戦。この時、能登七尾《のとななお》城主。

不破光治《ふわみつはる》　出生時期不明。竜門寺城主。前田利家同様、信長の直接の命によって各地に転戦することもあった。この頃、越前で病死。

【その他の与力】

佐久間盛政《さくまもりまさ》　天文23年（１５５４年）生まれ、この時28歳。織田家家臣、御器所西《ごきそにし》城主。柴田勝家の甥、勇猛な戦いぶりから「鬼玄蕃《おにげんば》」と称された。この時、松倉城を攻撃中だった。

徳山則秀《とくやまのりひで》　天文13年（１５４４年）生まれ、この時38歳。美濃斎藤家家臣を経て織田家家臣となり、柴田勝家の与力となる。加賀松任《かがまっとう》城主。

滝川《たきがわ》伊予守《いよのかみ》一益《かずます》

関東方面軍

大永５年(1525年)生まれ、この時57歳。

この年（天正 10 年）に行われた甲州征伐の結果滅亡した武田家の遺領を管理する「関東御取次役《かんとうおとりつぎやく》」となり、関東甲信各地に所領をもつことになった織田家家臣団を与力とし、そのまとめ役となった。自身は上州厩橋《まやばし》（現在の前橋）城に入り、本能寺の変勃発時にもそこにあり、どこかを攻めているのではなく、攻め終わった地の統治に専念していたと言ってよい。

武田家遺領の配分

滝川一益（関東御取次役）
上野《こうずけ》・信濃小県郡《しなのちいさがたぐん》・信濃佐久郡《しなのさくぐん》、居城＝厩橋城
与力　津田秀政《つだひでまさ》＝松井田《まついだ》城主
与力　真田昌幸《さなだまさゆき》＝真田本城《さなだほん》（松尾《まつお》城）城主
与力　内藤昌月《ないとうまさあき》

河尻秀隆《かわじりひでたか》　大永７年（１５２７年）生まれ、この時55歳。
甲斐《かい》・信濃諏訪郡《しなのすわ》、居城＝躑躅ケ崎館《つつじがさきやかた》

森　長可《もりながよし》　永禄元年（１５５８年）生まれ、この時24歳。
信濃高井郡《しなのたかいぐん》・水内郡《みのちぐん》・更級郡《さらしなぐん》・埴科郡《はにしなぐん》、居城＝海津城《かいづじょう》
弟に織田信長の小姓、森成利《もりなりとし》（蘭丸《らんまる》）

毛利秀頼《もうりひでより》　天文10年（１５４１年）生まれ、この時41歳。
信濃伊那郡《しなのいなぐん》、居城＝飯田城《いいだじょう》。

木曽義昌《きそよしまさ》　天文９年（１５４０年）生まれ、この時42歳。
信濃木曾郡《しなのきそぐん》・安曇郡《あずみぐん》・筑摩郡《ちくまぐん》、居城＝木曽福島城《きそふくしまじょう》

小笠原信嶺《おがさわらのぶみね》　天文16年（１５４７年）生まれ、この時35歳。
信濃伊奈郡《しなのいなぐん》、居城＝松尾城《まつおじょう》

堺

徳《とく》川《がわ》三河守《みかわのかみ》家《いえ》康《やす》

天文11年（1542年）生まれ、この時39歳。

駿河・遠江・三河を領する織田信長の同盟者。従五位下三河守。

5月15日、駿河拝領御礼のため、旧武田家家臣の穴山梅雪（信君）と共に、家臣団を連れて安土の信長の元を訪れる。

5月19日、安土城内の総見寺《そうけんじ》で能を見物。

5月21日、京･大坂･堺を見物するため出立、京へ入る。織田信忠が同行（この時信忠は小姓・馬廻り衆など2000を率いて行ったと言われている）。

5月29日、堺に入る。

6月2日、堺にて、茶屋四郎次郎の通報によって本能寺の変を知る。同日、上京を諦め、茶屋四郎次郎の協力の下、伊賀を越えて帰国することを決め、穴山梅雪と共に出立。

穴山梅雪《あなやまばいせつ》（信君《のぶただ》）

天文10年（1541年）生まれ、この時41歳。

武田信玄《たけだしんげん》・勝頼《かつより》親子に仕えた武田家の重臣。織田信長の甲州征伐が始まると、勝頼の下を離反。徳川家康の下に降る。その結果、武田家滅亡後も、甲斐河内・駿河江尻を安堵され、徳川家康の与力となる。

その御礼言上のために徳川家康と共に安土に信長を訪ね、その後も行動を共にして、この時は家康と共に堺にあった。

本能寺の変の報に触れると、家康と共に伊賀越えを図るが途中で別れ、6月3日、落ち武者狩りによって殺害される。

その他の地

足利義昭《あしかがよしあき》

天文6年（1537年）生まれ、この時45歳。室町幕府第15代将軍。従三位権大納言 征夷大将軍。

織田信長の助力によって上洛を果たし、征夷大将軍となったものの、後に対立。各地の反信長勢力に呼びかけ、反信長包囲網を結成しようと動く。自身も元亀4年(1573年）に挙兵。槇島城に籠もって戦うも、信長の大軍に包囲され、降伏。京を追われた。京を追われた義昭は、畿内各地を転々としたのち、紀伊田辺に落ち着き、再び信長包囲網を結成しようとあちこちの有力者たちへの働きかけを始めた。

天正4年（1576年）、毛利氏を頼り、備後の鞆《とも》へと移った。

この時点でも征夷大将軍であり続けたため、鞆に移った義昭とその側近たちのことを「鞆幕府」と称することもある。

義昭は鞆においても反信長勢力の結集を呼びかけ続け、そのまま本能寺の変を迎える。

気象条件を確認

この時代の地球環境と気候

天正年間、1573年~1593年の天候とは、どのようなものだったのだろう。

地球規模でみると、約1万2000年前に最後の氷河期が終わった後、太陽活動・大規模火山噴火といった要因によって、気候が左右されるようになった。その様子は近年、樹木の年輪を調べることなどで明らかになってきている。

それによると、応仁の乱が始まったころには、太陽の活動が低調となる「シュペーラー極小期」という時期に入っていた(下図参照)。加えて、世界規模で気候変動を引き起こすほどの火山噴火がいくつも発生している。

これらの現象は、常に日照不足を伴い、それによって異常気象が発生し、結果としてあちこちで飢饉が発生している。

本能寺の変が発生した天正10年(1582年)という年は、これらの現象が続いた時期の末期にあたっているものの、まだ不安定な時期であることが見て取れる。

天正10年について飢饉の発生状況を調べた研究※があり、それによると、この年は「冷夏・長雨」であり、京・甲斐・駿河・三河・伊勢・大和・阿波・豊後の地域で飢饉の発生が報告されている。

戦国時代の太陽の活動

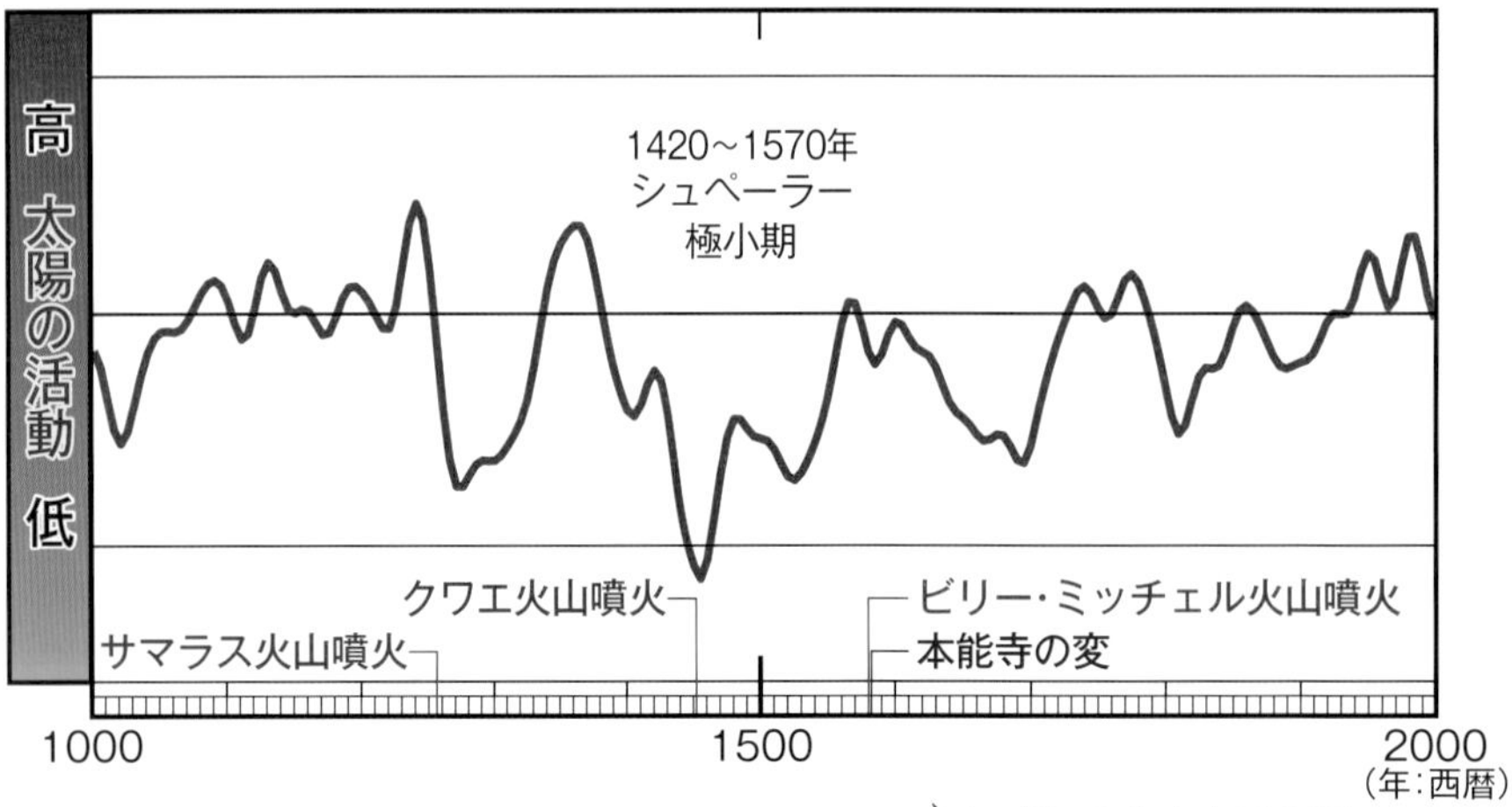

サマラス火山(インドネシア ロンボク島)
クワエ火山(バヌアツ シェパード諸島)
ビリー・ミッチェル火山(パプアニューギニア ブーゲンビル島)
いずれの火山もこの頃世界気候に影響するほどの大噴火を起こした

Steinhilber et al. Total Soar Irradiance during the Holocene
GEOPHYSICAL RESEARCH LETTERS, Vol.36 L19704, doi:10.1029/2009GL040142,2009より

※ 佐々木潤之介「日本中世後期・近世初期における飢饉と戦争の研究 - 史料所在調査と年表の作成から」(早稲田大学　文部省科学研究費補助金研究成果報告書　1997 ~ 1999)

本能寺の変 当日と直前１週間の天気

太陰太陽暦（当時の暦）	5月25日	5月26日	5月27日	5月28日	5月29日	6月1日	6月2日
現在の暦	6月25日	6月26日	6月27日	6月28日	6月29日	6月30日	7月1日
天候（言経卿記）	雨	晴 のち 雨 のち 大雨	雨 のち 晴	雨 のち 晴	雨	晴 時々 曇 のち 曇	晴 時々 曇
日の出時刻（現在の時刻）	4:44	4:44	4:45	4:45	4:45	4:46	4:46
推定雨量	120㎜	200㎜	60㎜	60㎜	120㎜	0㎜	0㎜

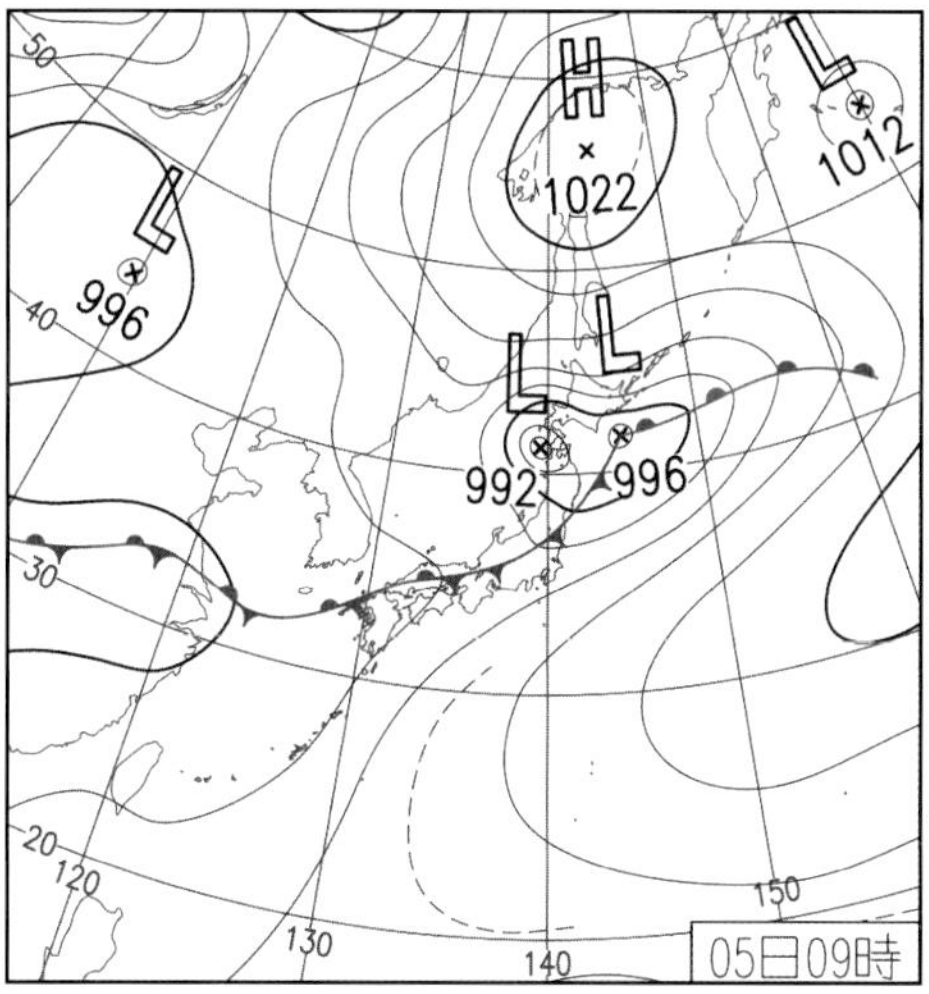

2018年7月5日午前9時の天気図（気象庁）。996hPa の低気圧から伸びる全線がかかり、九州北部から東北南部までの広い地域で雨が激しく降った。全線はこれから南下する。

「その日」をめぐる天気

天正10年6月2日は、現在の暦でいうと7月1日にあたる。その1週間前からの気象状況について、確認しておきたい。なお、5月は「小の月」にあたるので29日でおしまい。その次の日は6月1日となる。

この頃、公家は日記をつけることが普通であり、その際にその日の天候についての記述があることが多い。

そのような中で、権中納言山科言経が天正4年（1576年）から慶長13年（1608年）まで書き続けた『言経卿記』における気象に関する記述を、事件の7日前に遡ってまとめてみた。

見てわかるとおり、事件の1週間前からぐずついた天候が続いていたことがわかる。現在の暦で見ればわかるとおり、梅雨のまっただ中である。

雨＝5㎜

大雨＝20㎜

という現在の基準をあてはめて、1日の天候変化が1日の均等時間（1回の場合12時間、2回だと8時間）だったと仮定して予想雨量を計算すると、この1週間で560㎜の雨量があったと推測できる。

これは、京都付近に梅雨前線が停滞気味であったと推測できる。かなり地盤も緩んだ状態になっていたと思われ、これ以上の降水が続くと、現代であっても、災害（水害）が発生するおそれがある。

光秀が渡ったとされている桂川はどうなっていたか

　光秀は必ずこの桂川を渡らざるを得ないのだが、このような状況下での桂川の水位はどうなっていたのだろう。推理してみることにした。

　現在の暦にあてはめて6月下旬～7月上旬で、まとまった雨が降り、かつそれが台風などによるものでないような記録がないかと調べたところ、少々無理はあるものの、2018年7月4～7日が比較的近いのではないかと考え、例に挙げてみることにした。

　雨の原因は、台風ではなく明らかに梅雨前線によるもので、その点も天正10年と同じと考えた（前頁の天気図・下表の降水量は、気象庁による）。

　いずれも京都（桂《かつら》観測所）の値で、これくらい雨が降ると、桂川はどうなってしまうのかというと、その時の水位変遷を表したのが、下のグラフ。

　現実的には、現在のように築堤工事がなされている時代ではなかったので、ここまでの水位に達するはるか以前に、容易に溢水してしまったであろう。

　溢水してしまった分、水位そのものは下がった状態になるだろうが、河川敷一帯はその分広範囲に水浸しとなる。しかも、その水質は土砂で濁りきっていたことと思われる。いわゆる右京にあたる地域は、ほぼ全て冠水してしまっていたと考えてもいいだろう。

2018年7月5～7日の桂川の水位

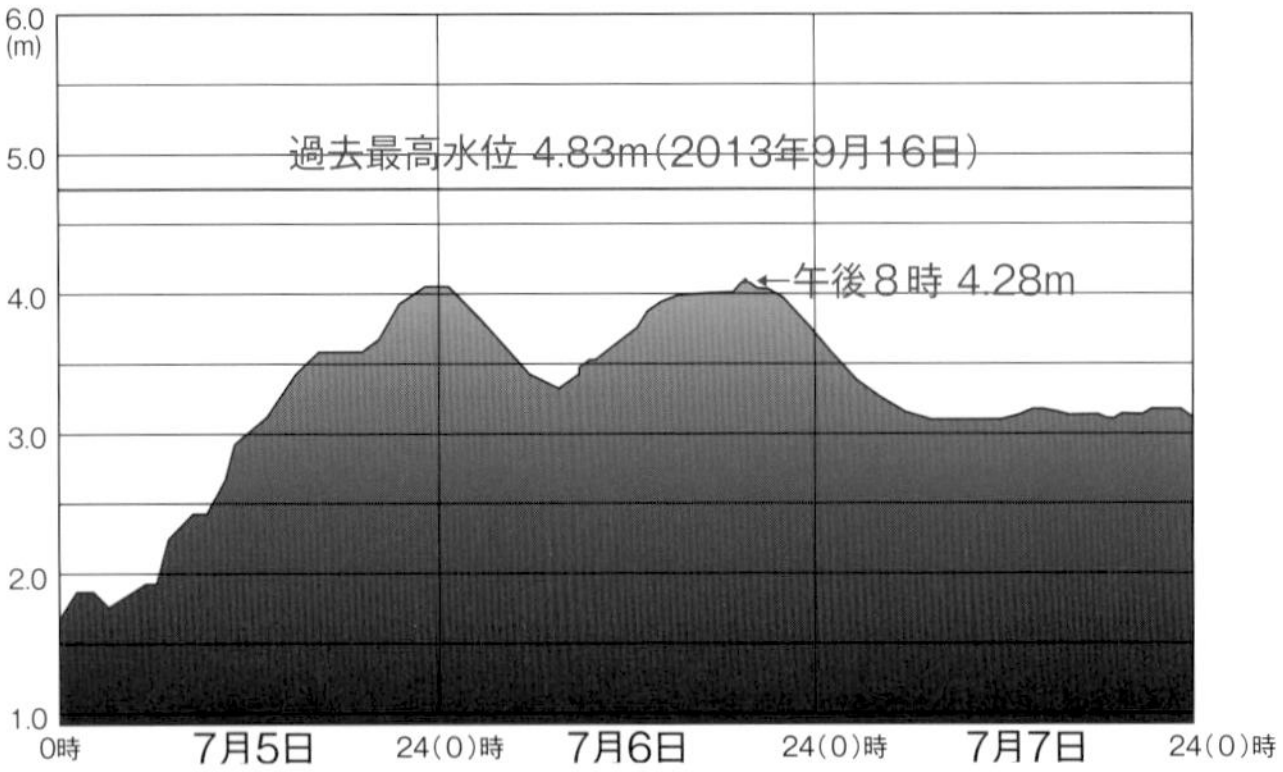

京都の降水量	
年月日	降水量合計
2018/7/4	11.0mm
2018/7/5	171.0mm
2018/7/6	111.0mm
2018/7/7	37.0mm

大雨で増水した時の桂川（桂付近）（写真：京都府南丹土木事務所）

桂川出水久世橋付近
（写真：国土交通省近畿地方整備局淀川河川事務所）

第三章

亀山出発～本能寺包囲

再審のための争点整理Ⅰ

再審

争点1 光秀はいつ丹波亀山を出立したのか？

道順と距離

そもそも、丹波亀山城から京へ向かおうとすると、どのような道を通っていくのが普通なのだろうか。

まず、その点を確認しておこう。

あくまでも「中国遠征」のつもりで軍勢を発進させた場合、通常は山陰道（丹波道《たんばみち》）を沓掛《くつかけ》まで行き、そこから西山《にしやま》街道を通って南へ向かい、山陽道へと出る。

ところが、実際は沓掛から西山街道を通ることはなく、そのまま山陰道（丹波道）を東に向かって京都盆地に入り、桂川に達した。その間、沓掛で食事をとったとの証言もある。

桂川の渡河地点だが、山陰道を直進すれば、七条大路《しちじょうおおじ》へと繋がる地点となる。が、その地点は川幅があり、より川幅が狭い四条方面へと迂回したという説もある。

一方、もともと老ノ坂《おいのさか》を通らず、唐櫃越《からとごえ》を

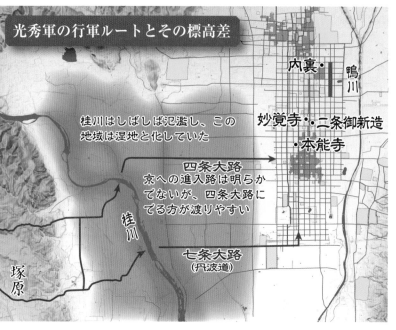

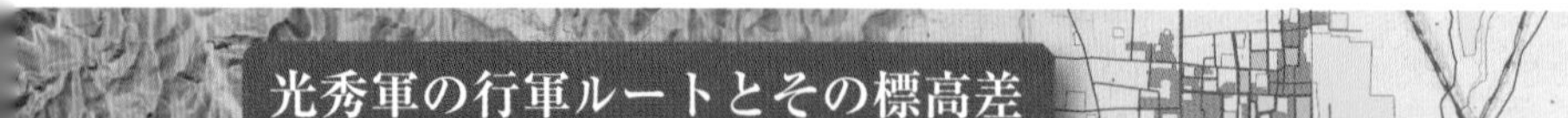

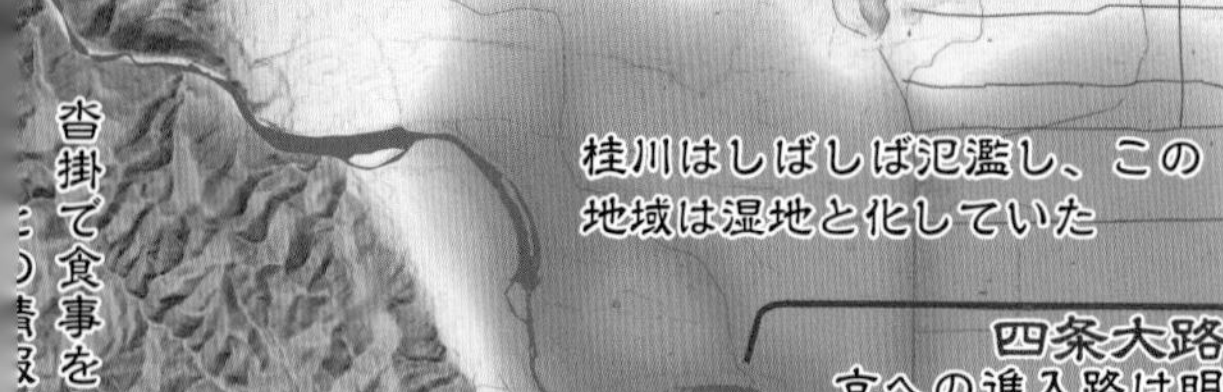

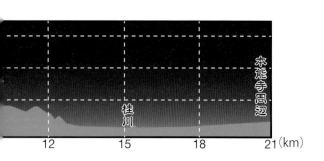

通ったという説もある。

しかし、こちらの道は、さらに山岳悪路で距離も長くなり、老ノ坂方面が崖崩れなどで通れなくなってでもいない限り行軍に良いところはまったくなく、考えにくい。

よって、本書では老ノ坂を通ったとみなし、本能寺までの総距離は約21km、丹波亀山城から老ノ坂の最高地点までの比高は約１５０ｍ、そこから京の市街までの比高は約２００ｍとしておこう。

現在の山陰古道老ノ坂付近　（写真：亀岡市観光協会）

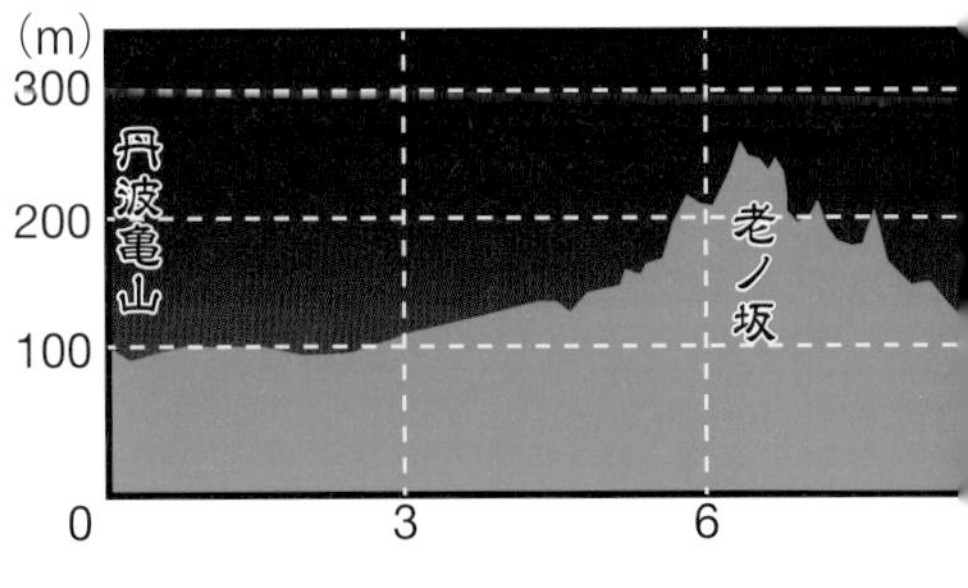

軍勢の数

次に、光秀の軍勢の数だが、これも史料によってまちまちで、定かではない。

そこで、天正9年（１５８１年）６月２日（本能寺の変のちょうど1年前）に、当の光秀自身が自らの家中に対して定めた「軍法」にあるルールをあてはめてみよう。

それによると、家臣たちに１００石あたり６人を出すように定めている。

今回、近江坂本の兵力は、坂本城留守居の長男明智十五郎に預けたままであり、丹波亀山へは近江の兵力を連れて行ってはいない。

よって、純粋に丹波一国で動員可能兵力を考えてみる。

丹波の石高は、この後豊臣秀吉時代に行われた慶長３年の検地（いわゆる太閤検地）で26万３８８７石とされている。光秀が平定した直後であるので、まだ石高はそれほどには達していなかったと考え、８割程度として22万石と仮定しよう。

そうすると、動員可能兵力は1万３２００となる。『惟任退治記』などがいう2万には到底及ばず、偶然にも史料的価値は低いと言われている『川角太閤記』がいう数字1万３０００に最も近い。

『雑兵物語』に描かれた戦国時代の「雑兵」の姿（模写）

行軍速度と所要時間

次に、この辺りの道路状況を見てみる。

当時の山陰道の平均的な道幅は各地の発掘調査から約9ｍ。

この道幅であれば、4列縦隊での行軍が可能だ。

徒歩以外に騎馬もいたことを考え、1列3ｍを確保したとすると、軍勢の長さは、1万3000を1列4人で隊列を組んだと仮定して、全長9750ｍ（9・75㎞）になる。

また、検証したとおり当時の天候は梅雨のまっただ中で、6月1日には降雨はなかったとしても、連続降雨の後ということを考えると、道路状況はかなりぬかるんだ状態であったことが推測できる。

上の絵は、江戸時代にまとめられた『雑兵物語《ぞうひょうものがたり》』の挿絵（模写）の一部で、戦国時代の一般的な雑兵の姿を現している。

小荷駄《こにだ》と呼ばれた物資運搬部隊は通常先行させてしまうのでここには含まれないが、それでも徒歩以外に馬もかなりの数がいたことが推定される。

人間の普通歩行速度平均値は、時速４㎞。

実際の行軍となると、様々な重い荷物やかさばる荷物を持ちながらの歩行となる。

さらに、1週間前からの連続降雨の結果、道路状況はかなりぬかるんでいたものと推察できる。

そこで、普通歩行平均速度は困難で、仮にその75％の速度で移動したと仮定すると、時速は3㎞となる。

よって、丹波亀山城から本能寺までの全行程約21㎞を踏破するのに要した時間は、約7時間という結果が導き出せる。

これに、いくつかの証言にみられる「食事」の時間を1時間とみなして加算。更に、増水した桂川の渡河に1時間を要したと仮定すると、プラス2時間ということになり、**丹波亀山城から本能寺までの所要時間は、9時間**となる。

ただし、これは隊列の先頭が到達するまでの時間であり、9750ｍに及ぶ軍列がすべてゴールすることを考えると、更に3時間以上の時間がかかることになる。

さらに、実際の行軍では、騎馬武者の方が早かったであろうし、逆に荷物の多い雑兵は遅かっただろう。

丹波亀山城出立時刻

これらの諸条件を考慮した上で、証拠文書類『惟任退治記』、高柳光寿『明智光秀』、『川角太閤記』の3文献から、丹波亀山城の出立時刻を検証してみよう。証言にある時刻の表現が現在のものとは異なるので、現在の時刻と当時使われていた十二時辰の両方を記した時計で見てみる。いずれも、途中の沓掛で食事をとり、桂川渡河に1時間を要したことを前提としている。

①『惟任退治記』による子の刻（夜半すなわち午前0時頃）出立の場合

この場合、沓掛での食事が午前3時～4時、桂川渡河が午前6時～7時、本能寺到着が午前9時となり、夜明け（午前4時46分）からは、かなり時間が経過している。

②高柳光寿『明智光秀』による亥の刻（22時）出立の場合

食事が午前1時～2時、渡河が午前4時～5時、本能寺到着が午前7時となる。

この場合も、夜明けからはかなりの時間が経過していることがわかる。

③『川角太閤記』による酉の刻（20時）出立の場合

食事が午後11時～午前0時、渡河が午前2時～3時で、午前5時に本能寺に到着する。

これだと、夜が明ける頃に本能寺の変が発生したという通説（主に『川角太閤記』による）には、比較的合致しそうだ。

この三つのパターンは、いずれであっても、夜間行軍を伴っている。しかも、これらは軍勢の先頭が到達したというだけで、長々とした軍勢（先述のとおり約９７５０ｍ）が全て目的地に至るには、更に3時間以上が必要になる。

ましてや酉の刻出立の場合、午前2時～3時という真っ暗闇の中で、増水した桂川を渡河せねばならない。これは、非常に危険な行為だと言わざるを得なくなる（この桂川渡河問題については、次項で詳しく吟味してみたい）。

以上の状況を踏まえて考えてみれば、その目的は「謀反」すなわち信長殺害だったのであろうか？

敢えて1万3000の兵力を従えて個人の暗殺を謀るというのが、本当に妥当な作戦なのだろうか。それならもっとましな時間帯の移動と人数があったように思える。

それとも、他に何らかの目的があって、敢えてこの時間帯に出立しなければならない理由でもあったのだろうか。

丹波亀山城出立時刻と本能寺到着時刻

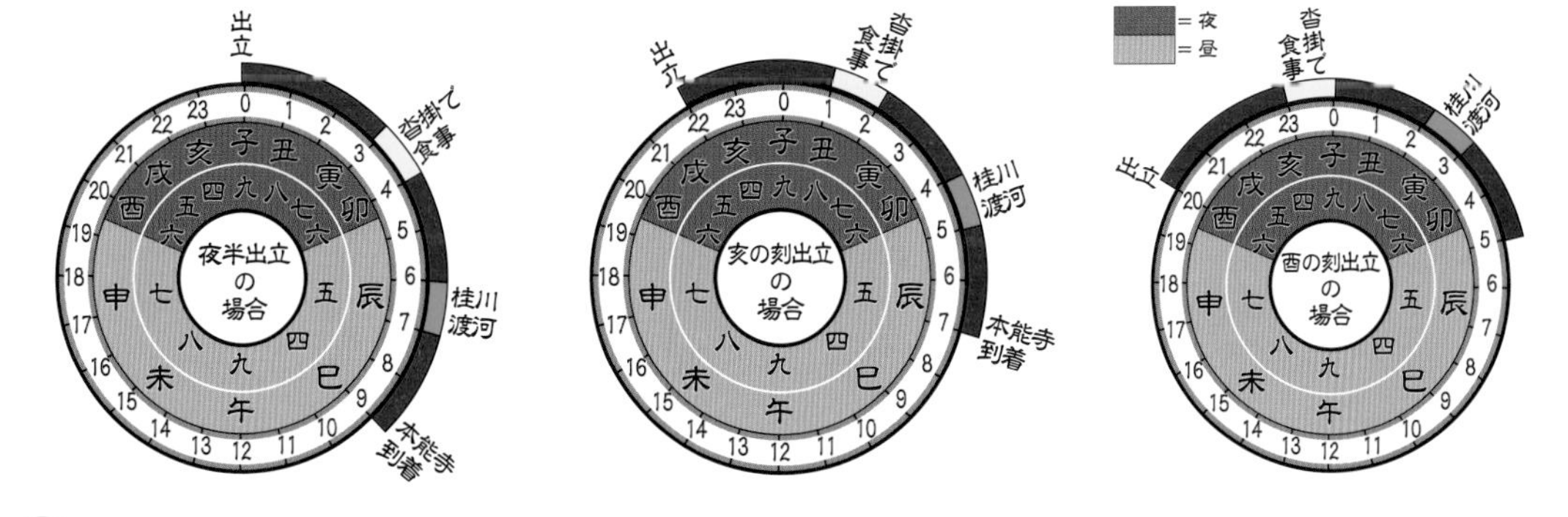

再審

争点2

越すに越せない桂川

桂川の流れ

京都を代表する河川として我々は、市街地を挟み込むように南北に流れる二つの河川、すなわち西を流れる桂川と東を流れる鴨川を思い出す。

ところが、この2本の河川は、その様相が大きく異なる。

次の表は、国土交通省のデータベースをもとに、2018年の6月と7月の両河川の1秒当たりの水の流れる量を比較したものだが、明らかに差がある。

桂川の方が鴨川の約41倍の水が流れていることがわかる。そもそも河川としての規模が異なるようだ。

では、具体的に桂川の水位とは、どの程度のものなのだろう。光秀が渡ったと言われている場所に比較的近い「桂」の観測データがあるので、それを使って調べてみよう。

まず、京都の6月と7月の平均降水量だが、観測が始まった1881年~2010年までの平均は、6月が228・7㎜、7月が212・4㎜。この値にできるだけ近い値を示している年で、桂の観測データが得られている年を選んで月の平均水位を調べる。6月については、227㎜を示している2010年のデータを使う。7月については、2019年が213・5㎜とかなり近いのだが、残念ながら水位データが得られていないので、198・5㎜を示した2005年のデータを使うこととした（右表）。

いずれも、2m近い水位があることがわかる。

ちなみに、国交省によると、洪水時に水深が50㎝を超えると、歩行が困難になるとある。戦国時代の軍の移動には甲冑や武器は別途運び、平服で移動する「平押し行軍」と、武装して動く「武

2018年 桂川・鴨川の流量比較

河川名	観測点	月	平均流量
桂川	桂	6月	306.6176667㎥/s
		7月	191.0777419㎥/s
鴨川	深草	6月	7.7676666㎥/s
		7月	5.6374193㎥/s

国土交通省 水文水質データベースより

観測開始以来の京都における平均降水量 6月＝228.7㎜ 7月＝212.4㎜		
近い平均降水量値を示した年で、 観測データが存在する年 6月＝2010年（227.0㎜） 7月＝2005年（198.5㎜）		
平均水位		
観測点「桂」	6月	1.907m（最高値＝2.33m）
	7月	1.824m（最高値＝2.31m）

国土交通省 水文水質データベース・気象庁 各種データ・資料より

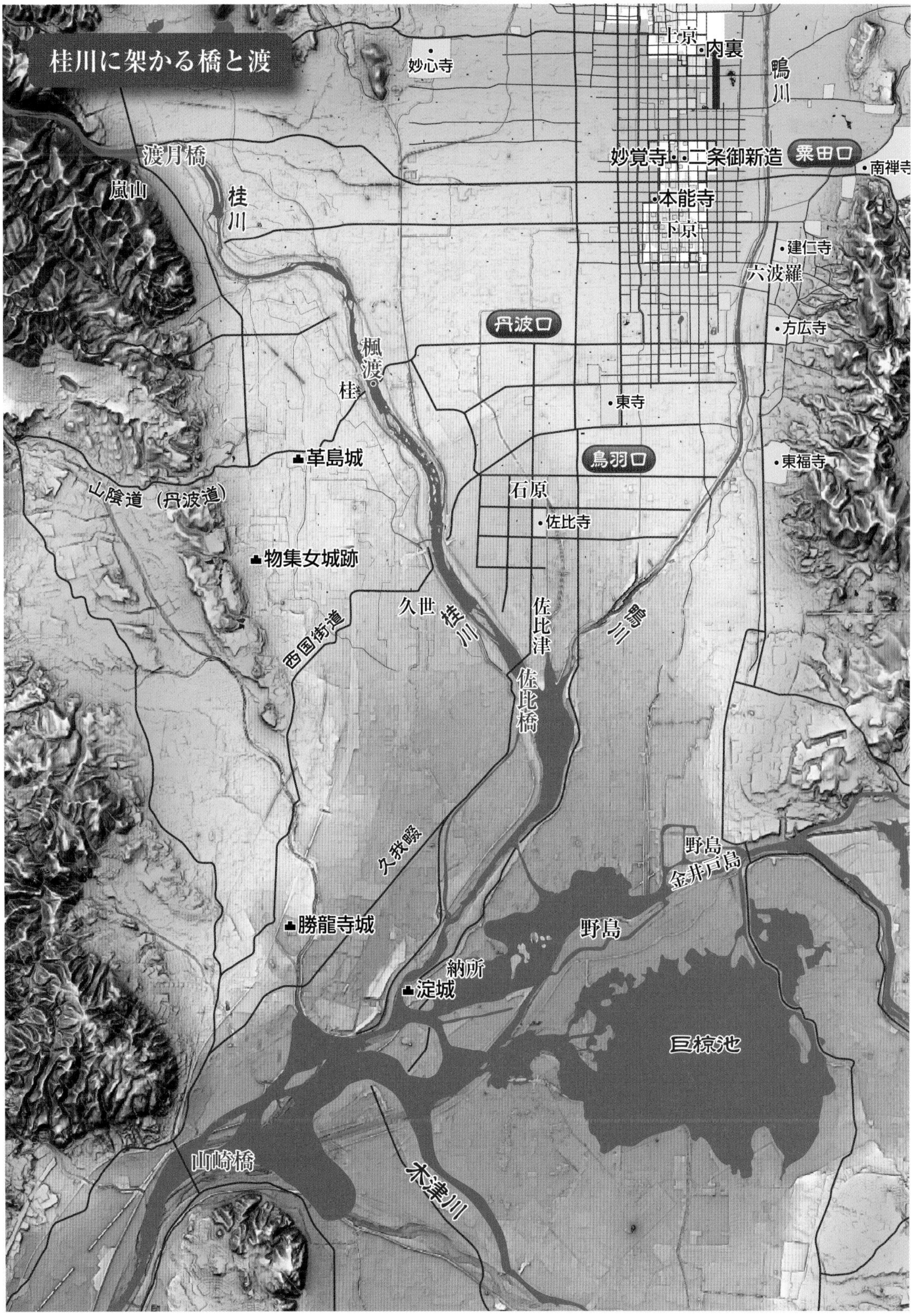
桂川に架かる橋と渡
妙心寺
上京
内裏
鴨川
渡月橋
嵐山
桂川
妙覚寺
二条御新造
粟田口
南禅寺
本能寺
下京
建仁寺
六波羅
丹波口
方広寺
楓渡
桂
東寺
革島城
鳥羽口
東福寺
山陰道（丹波道）
石原
佐比寺
物集女城跡
久世
桂川
佐比津
鴨川
西国街道
佐比橋
久我畷
野島
金井戸島
勝龍寺城
野島
納所
淀城
巨椋池
山崎橋
木津川

者押し行軍」の２種類の行軍があるが、この場合、たとえ平押し行軍であっても、一部の騎馬武者以外は困難と言えよう。ましてや、荷駄車の渡河は更に困難であったと推測できる。

このようなときに人はどうするかというと、普通は「橋」を渡る。

そこで今度は、橋について調べてみよう。

鴨川については、いくつもの橋が架かっていたことは周知の事実。牛若丸と弁慶が今の五条大橋で出会ったというのは「場所違い※」だが、こういった橋が登場する逸話もあるくらい、いくつもの橋が架かっていた。

一方の桂川だが、こちらにはほとんど橋はなかった。あっても洪水ですぐに流れてしまい。長持ちしなかった。

最も古い橋としては、かなり南の方になるが「山崎橋」があった。

瀬田の唐橋・宇治橋とならんで、日本三古橋と言われている。神亀《じんき》２年（７２５年）に僧行基《ぎょうき》が架けた橋と言われているが、度々洪水で流され、11世紀になると渡し船などで代用されてきた。豊臣秀吉が再度架橋するも、流失。再建されることなく、１９６２年まで渡船が運航されていた。

次に、現在も観光地として有名な「渡月橋《とげつきょう》」がある。承和《しょうわ》年間（８３４年〜８４８年）に僧道昌《どうしょう》が現在の位置より２００ｍほど上流に架けた橋が最初と言われ、当初は法輪寺橋《ほうりんじばし》と呼ばれていた。

流失・再架橋を繰り返し、現在の橋の原型となったのは京の豪商角倉了以《すみのくらりょうい》が慶長11年（１６０６年）に架けた橋で、現在の橋は、昭和９年（１９３４年）に架けたもの。鎌倉時代に亀山上皇が「くまなき月の渡るに似る」と述べたことから渡月橋と呼ばれるようになった。

もう一本、鴨川と桂川の合流地点のやや北に佐比橋《さいばし》という橋があり、山崎へ通じる久我畷《こがなわて》に通じていた。

桂川の橋は、頻発する増水によってすぐに流されてしまい、その都度の復旧はなかなか困難だったようだ。その代用とされていたのが、前頁地図中にある「楓渡《かえでのわたし》」のような渡し船だ。

このように見てくると、桂川についてはほとんど橋がないに等しい状態であったと言ってもいいだろう。

その一方で、水量が低い時であるならば、川幅はあるものの徒歩での渡河が可能だったと思われる。

※牛若丸と弁慶が出会ったのは、今の五条大橋ではなく、現在の松原橋。かつてはここに五条大橋があった。現在の位置に橋を架けたのは豊臣秀吉。当時は五条大橋ではなく、大仏橋と呼ばれていた。

再審 争点3

京都所司代配下の目を光秀軍はかいくぐれたのか？

番所と木戸番

よく「京の七口」と言われる。これは、京に入る出入り口が七つあったということで、逆に言うと、それ以外からは入れないということを表す（ちゃんと整備したのは豊臣秀吉）。

できた頃の京の都は、平安京と呼ばれるもので、いくつかの街道がこの都に繋がっていた。都の外郭はぐるりと高い塀と堀で囲われており、外界との出入りは、限られた門を通じてしかできなかった。

しかし、時代を経ると、相次ぐ桂川の水害によって人々は徐々に左京に集まるようになり、右京は廃れていった。それにともなって京の外郭も変化していき、結果として京の都としての外郭も範囲が変化していった。室町時代ともなると、もはや平安京の残骸みたいなもので、内裏をはじめ、公家たちが暮らす上京と、より身分が低い者たちが暮らす下京とがはっきりと分かれていた。

これは平安時代からの習わしで、身分的に下に見られていた武家は、下京に屋敷を持つことが多かった。平家の拠点であった六波羅も、下京。

そして、上京・下京それぞれが惣構《そうがまえ》という土塁と堀で囲われていた。この時点でもはや京全体を一つに囲む塀ではなくなっている。この状況を改めて整備し、都市としての京の再整備を断行したのが豊臣秀吉で、その時に京の都の外郭として作ったのが巨大な壁「御土居《おどい》」で、七口も再整備した。

しかし、信長の時代に御土居はまだなく、まだ大きく上京と下京に分かれた状態のままで、それぞれの惣構を通る通りに木戸を設けて通行を管理、信長配下の京都所司代が都市防衛に当たっていた。ちなみに、この時の京都所司代は、村井貞勝《むらいさだかつ》。

当然のことながら、木戸や番所にはそれなりの警備兵が配置されており、不審者の通行を監視していた。

このあたりの事情については、争点5で京都所司代であった村井貞勝の6月2日の奇妙な動き方と合わせてより詳細に見ていきたいのだが、このような京の町に、1万3000の軍勢が早朝入ってきたら、どうなるかという点だ。

光秀軍はなぜ京へ入れたのか

いわゆる「京の七口」と言われる京への出入り口が七つに整備されたのは、豊臣秀吉が京の街の大改造を行った後からと言われているが、信長の時代であっても、どこからでも京に入れたわけではない。

まず、上京と下京には、惣構といわれる塀と堀が巡らされていた。それぞれの出入りには木戸・楼門などが置かれていて、京都所司代配下の者たちが番所に詰めており、自由な通行はできなかった。

楼門とは、文字どおり楼閣のついた門で、今でも大寺院などに見られる。

木戸については、もともとは「釘貫《くぎぬき》」と呼ばれる馬止めのための鉄が差し込まれた構造だったが、信長の時代になると、鉄が用いられることはなく、いわゆる「木戸」になっていたと言われている。

右の図は、『洛中洛外図屏風上杉本』に描かれた鞍馬口の釘貫。馬止めのような設備は見えないが、通行するには、それなりに

洛中洛外図屏風上杉本に描かれた鞍馬口の釘貫（画像提供：米沢市上杉博物館）

洛中洛外図刑部上杉本に描かれた本能寺周辺（画像提供：米沢市上杉博物館）

尋問を受けるだろうことは想像に難くない。

　一方、前頁下図は、同じ洛中洛外図屏風上杉本に描かれた本能寺の周辺。下京の惣構の中に入っても、このように木戸や楼門が設けられていたことがわかる。

　光秀が本能寺を囲んだのが夜明け前だとすると、まだ暗いうちにゾロゾロと京に大軍を率いて入ってきたことになる。これに誰も気づかなかったと言うのだろうか。

　別働隊を先行させて、木戸番などを予め始末したとしても、完全武装の1万3000の軍隊が通れば、周囲の人々は目覚めてしまい、それなりの騒ぎになっただろう。

　そうならないケースを考えてみると、三つのケースが考えられる。

①事前通行許可があった場合

　これは、予め光秀軍が上洛することが京都所司代の耳に届いていた場合。それなら、各木戸についても「御苦労様です」の一言で通過できても不思議ではない。このケースを想像させるのが、あの『川角太閤記』にだけ書かれている「6月1日に森 蘭丸から『上様が馬揃えを見たいと言っているので一旦上洛せよ』との連絡があった」という記載。

　そうならば、当然京都所司代も光秀が早朝に上洛してくることを知っていただろうし、何の疑念もなく木戸を開いたと思われる。

②ごく少人数で密かに通過した場合

　そもそも1万3000もの兵を率いて入京などせず、少数の人間だけで入京したとすると、可能かもしれない。

　少人数で各木戸を制圧しつつ、迅速に本能寺に達するのであれば、可能だったかもしれない。

　また、暗殺を目的とするのであれば、繰り返しになるが1万3000の兵力で本能寺に迫るより、少人数で密かに迫った方が奇襲性が高くなる。

　もともと本能寺にいる信長警備の人数が小人数であることも知っていたなら、なおさらであろう。

③村井貞勝が一味であった場合

　さらに、もう一つ穿った見方をするなら、村井貞勝自身が光秀すなわち暗殺側についていた場合が考えられる。それならば、木戸も自由に通れるであろうし、たとえ大軍団で入京したとしても、怪しまれることはない。

現在の丹波口付近、この自転車と同じ方向に光秀軍は進軍したことになる

再審

争点4

光秀は、１万３０００の兵で本能寺を取り囲み信長は燃えさかる本能寺の中で自決したのか？

本能寺周辺を理解しておく

世に言う「本能寺の変」と言われる事件について、これまで事件発生に至る寸前の状況確認を行ってきたが、その検証も、そろそろ本能寺とその周辺で発生した具体的な出来事について見ていく段階となった。

それに先立ち、今一度本能寺の周辺について、関係する施設の配置や距離について、把握しておこう。

次頁の地図は、イラストマップではなく（敷地内の建物については一部想像の域を出ないが）、施設の位置関係などは正確に描いてある。本能寺の大きさは１２０ｍ四方。

まず理解しておかねばならないのは、当時の京の都は「惣構」と呼ばれる高い塀によって守られていた点だ。地図上に「下京惣構」と書かれた部分がそれにあたり、同様の構造は上京地区にも見られる。後の世に豊臣秀吉が築いた「御土居」は有名だが、それ以前にも都の外周を守るための塀と堀が築かれていた。その外側（地図でいうと西側）は、田畑としての開発（荘園化）が進んでいたものの、度々発生していた桂川の氾濫によって、ほぼ荒れ地・湿地となっていた。

本能寺はというと、下京惣構の外側に隣接するように建てられている。下京惣構に沿って南北に走る西洞院通と六角通との交点に楼門が、四条坊門通との交点には木戸が設けられており、惣構内と外とを隔てていた。当時織田信長によって改築され城郭に近い機能を有したといわれる本能寺は、いわば下京の出城のような位置だったことがわかる。

本能寺から1丁を隔てた東側の街区にあったのが「南蛮寺《なんばんでら》」。ルイス・フロイスの『日本史』において、本能寺の変当日朝の様子が見えたと書かれているのが、この寺だ。本能寺との距離は約１５０ｍ。

南蛮寺から4丁ほど北へあがったところにあるのが二条御新造《にじょうごしんぞう》で、三好の残党に襲撃されたのを機に足利義昭のために信長が作ってあげた城郭御殿で、義昭追放後、誠仁親王の御所になっていた。

そして、その隣が、本能寺を使う前に織田信長が定宿にしていた妙覚寺。信長が本能寺を改築してそちらを宿にするようになってからは、嫡男で織田家当主の信忠が定宿として使っていた。ついでの話になるが、その西に1丁はさんで「妙顕寺城」という結構広大な施設がある。

◀ 建物は想像

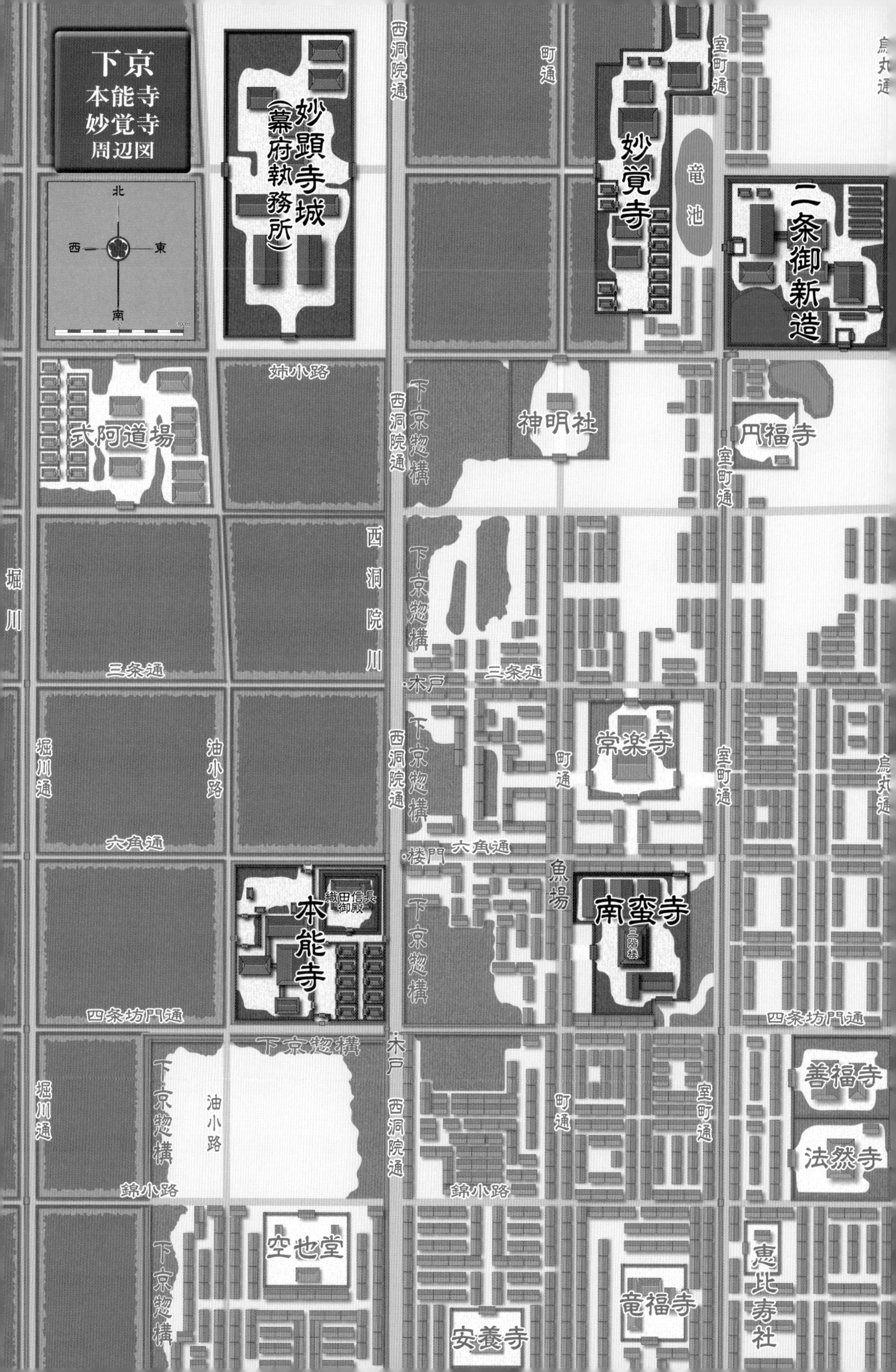

下京
本能寺
妙覚寺
周辺図
北
西
東
南
妙顕寺城（幕府執務所）
西洞院通
町通
妙覚寺
竜池
室町通
烏丸通
二条御新造
姉小路
武阿道場
西洞院通
下京惣構
神明社
円福寺
室町通
堀川
西洞院川
下京惣構
三条通
三条通
木戸
常楽寺
西洞院通
下京惣構
町通
室町通
烏丸通
堀川通
油小路
六角通
六角通
楼門
魚場
織田信長御殿
本能寺
南蛮寺
三階楼
下京惣構
四条坊門通
四条坊門通
下京惣構
木戸
善福寺
堀川通
下京惣構
油小路
町通
西洞院通
室町通
法然寺
錦小路
錦小路
空也堂
下京惣構
恵比寿社
竜福寺
安養寺

これは、応仁の乱の後、京の幕府諸機関が焼失してしまった際に行政機関が集まったところで、信長が京を掌握した後、実は秀吉の時代になっても聚楽第ができるまでは、ここが行政の中心となっていた。

若き日の光秀が秀吉などと共に京都奉行を務めて執務していたのも、おそらくここだったと思われる。

本能寺の火災はボヤ程度？

本能寺とその周辺の地理が頭に入ったところで、天正10年6月2日の朝に話を戻そう。

織田信長の最期と言えば、燃えさかる本能寺の中で、幸若舞《こうわかまい》の一つ「敦盛《あつもり》」の一節を舞った後、切腹して果てた…というのが映画・ドラマでも定番だ。

切羽詰まった状況下において、本当に「人間五十年…」と謡い舞ったのかどうかはさておき、「証拠」として冒頭で取り上げた史料類においても、本能寺で火災が発生したことは事実のようだ。

『多聞院日記』に、本能寺の変翌日の天気の記録があり、奈良で大雨であったことが記されている。本能寺の変当日の『言経卿記』による京の天気は晴れ時々曇り。このことから、梅雨前線は京より南下したのではないかと推測される。

すると、京に吹く風は北西の風。

この風で本能寺が全焼したとすると、周囲への延焼は避けられないのではないか。しかし、本能寺の南東に位置する下京に、延焼の記録はない。

本能寺は、天正8年2月、織田信長が京都所司代の村井貞勝を奉行として防御強化のために改築を施したものだが、その際に立てられた信長の滞在御殿は、敷地の北東に建てられたと言われている。

そのことを考え合わせると、どうやら本能寺は全焼したのではなく、信長の御殿だけを焼失したのではないかという見方が出てくる。120m四方あった本能寺の全域が焼失するような大規模火災で付近への延焼がないというのは、考えにくい。

応仁の乱で焼き尽くされていたので、周囲に延焼すべき建物や集落がなかったからではないかとの指摘がある。

よく、戦国時代というと応仁・文明の乱から秀吉の天下統一までをひとくくりに考えがちだが、応仁・文明の乱の勃発は応仁元年（1467年）で、終結が文明9年（1477年）。乱の終結から天正10年（1582年）までは、実に105年の歳月が流れている。それだけの時間があれば、たとえほぼ全域を焼失してしまった京の都であっても復興し、人口もかなり戻ってきているとみるのが自然だ。

そのような下京で120m四方が火災を起こしたら、周囲への延焼は避けられない。よって、差程の大火災ではなかったと思われる。

本能寺の広さと防御

1万3000の兵力で本能寺を取り囲んだと言われているが、その取り囲まれた本能寺とは、どのくらいの大きさで、周囲はどのようになっていたのだろうか。

長い間本能寺は、南北は六角通《ろっかくどおり》から錦小路《にしきこうじ》まで、東西は油《あぶら》小路《こうじ》から西洞院通《にしのとういんどおり》までの南北2丁、東西1丁の広さと言われてきたが、発掘調査の結果、南北が従来言われていた半分しかないことが判明した。つまり、六角通・四条坊門《しじょうぼうもん》通・西洞院通に囲まれた1丁で、その広さは、ほぼ120m四方の正方形だった。

本能寺は応永《おうえい》22年(1415年)に日隆《にちりゅう》によって創建された法華宗の寺院で、地方布教活動に重きを置いていた。

中でも種子島への布教活動を盛んに行っていたことから、伝来直後の鉄砲・火薬といった武器の取り扱いを行い、広く戦国大名たちとの交流があった。

その本能寺を接収して自らの宿所に改築したのが織田信長。天正8年(1580年)2月に京都所司代の村井貞勝に命じて改築。それまでいた僧侶たちを追い出した。

改築された本能寺は、寺の周囲に堀(幅2~4m、深さ1m)と土居(80cmの石垣の土台の上に3~5m)を巡らせた(P53参照)。

さらに、敷地の北東に作られたという信長の居所(御殿)についても、その外周を同様の堀と土塀で囲んでいた。

この工事によって、本能寺の防御力は飛躍的に高まったと言えよう。

本能寺を囲む道の広さ

このように本能寺自体は外周を堀と土居で囲われて防御力が高かったであろうが、その更に外側を囲む道路はどうだったのだろう。その幅員について確認しておこう。

様々な発掘調査が行われて、当時の街路・街道の道幅がわかってきている。西洞院通が5間(9・1m)、その他が3間(5・4m)。

本能寺の周辺

次に、本能寺に隣接する街区について確認しておこう。

既に述べたように本能寺は、下京の惣構の外に隣接する形で位置している。すなわち、本能寺の東と南については、道路を挟んで反対側の街区にも下京惣構の土居が連なっていたことになる。土居が連なっているため、下京惣構の中への通行は限られており、西洞院通と四条坊門通の交点に木戸が、西洞院通と六角通の交点には楼門が築かれており、それぞれ警備に当たる兵が配置されていた。

あえて下京の中に入る必要はないだろうが、この2方向については、道路幅を超えた人数で本能寺を囲むことは困難だ。

残りの西と北だが、こちらは下京惣構の外にあたり、この時代は摂関家の荘園開発が進むなど、田として整備されつつあったものの、桂川の度重なる洪水により、かなり水分を含んだ荒れ地が多かった。

仮に荘園としての整備が進んでいたとするなら、6月2日(現

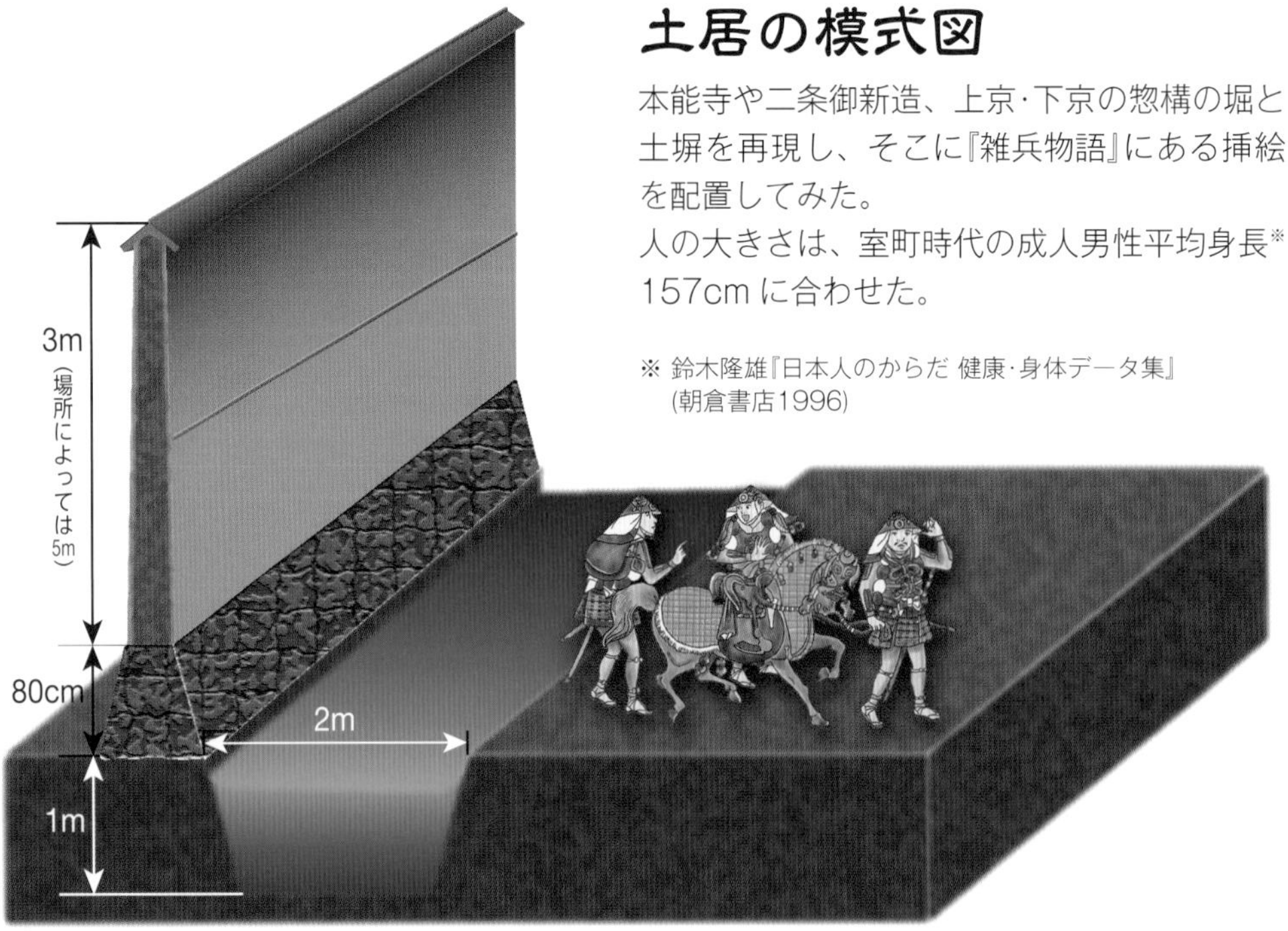

土居の模式図

本能寺や二条御新造、上京・下京の惣構の堀と土塀を再現し、そこに『雑兵物語』にある挿絵を配置してみた。
人の大きさは、室町時代の成人男性平均身長※157cmに合わせた。

※ 鈴木隆雄『日本人のからだ 健康・身体データ集』（朝倉書店1996）

在の7月1日）には、おそらく田に水が張られていたと考えられる。よって、田であろうと荒れ地であろうと、かなりぬかるんでいたことが想像できるので、この2方面から包囲しようとしても、道路上以外は大軍を踏み入れるには適さない。

本能寺には何人いたのか？

では、この本能寺にいったいどれくらいの人数がいたのだろうか。もちろん、改築時にすべて追い出しているので、坊主はゼロ。純粋に信長の家臣だけと考えていい。

また、信忠が5月21日の上洛時に安土から2000の兵を率

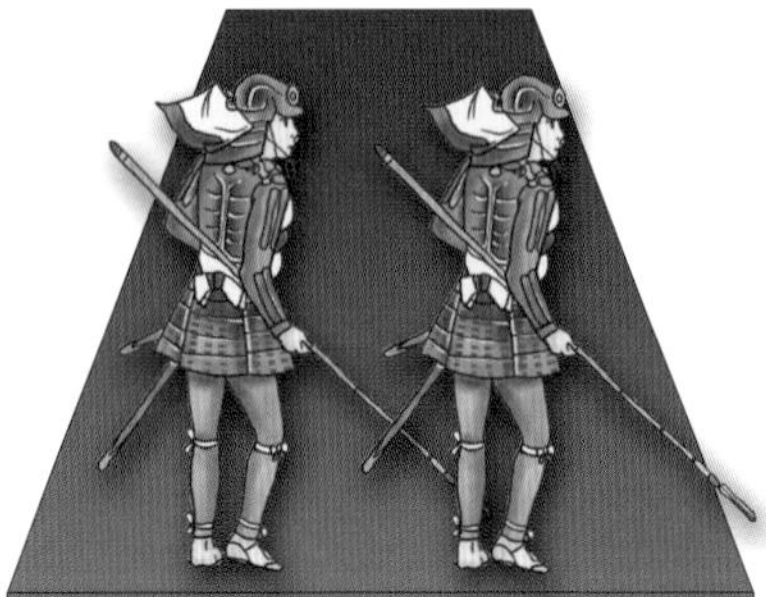

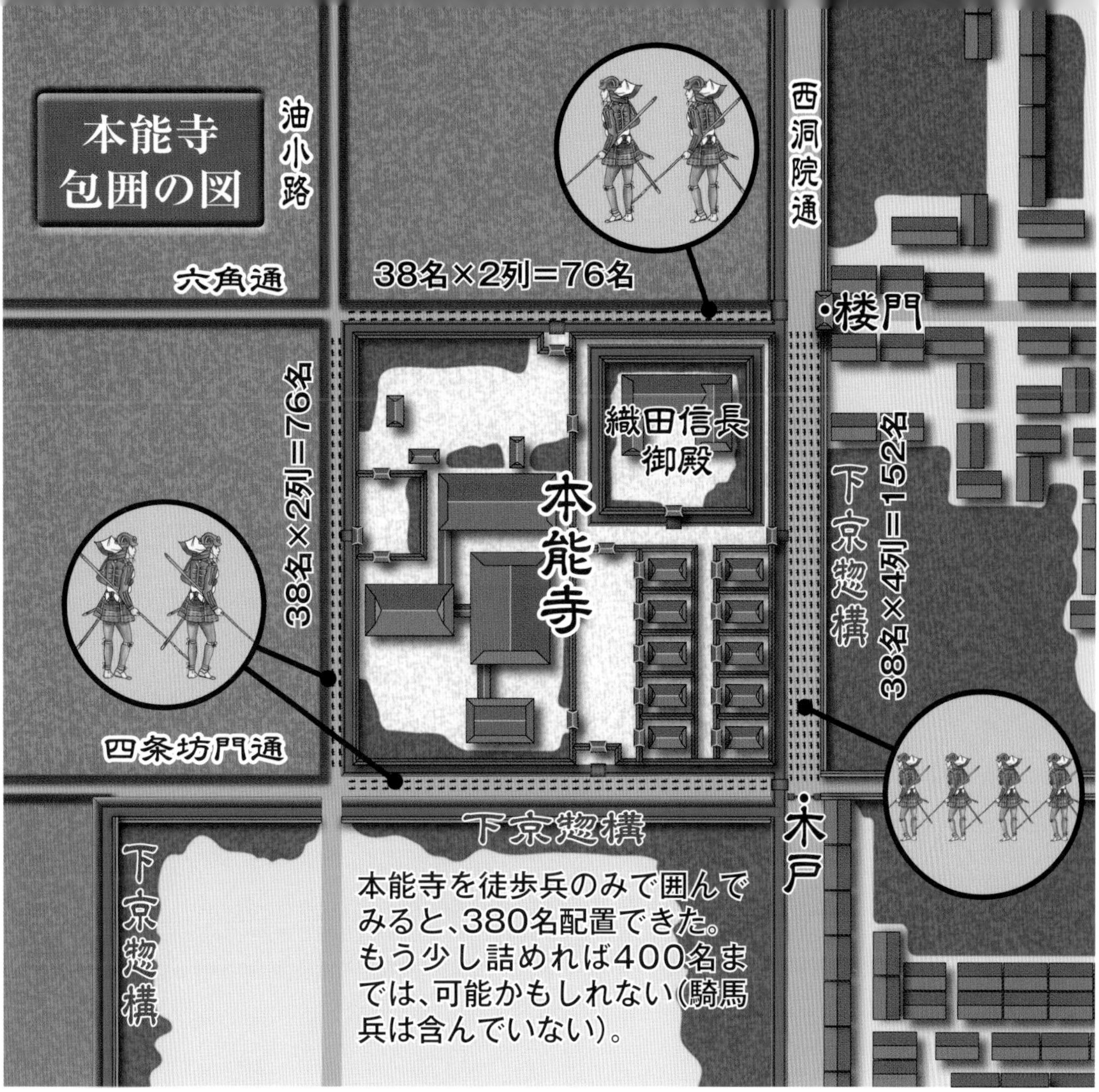

建物は想像

いてきたと言われているが、その兵力は本能寺にはいない。信忠の宿所となっている妙覚寺とその周辺に分宿していたと見られる。また、そもそも京の警備のための常駐兵力として、京都所司代配下に1000の兵力があったが、これもあらかじめ配備は決められていたと思われ、特に本能寺に集結していた形跡はない。

よって、この時本能寺にいた信長を含めた人数は、様々な記録が言うように、ごく近い供回り数十人だけだったと思われる。

本能寺包囲人数

一方の包囲する側だが、これまで検討してきたとおり、周囲の道路上に配置したとして、上図のようになる。これ以上は、とても入りきれない。

また、このシミュレーション自体、全て徒歩兵で行っているが、当然指揮官は馬に乗っているだろう。そうなると、更に面積をくう。

これ以上の人数を配置しようとしても、惣構の内側に配置するのは難しい。そうなると本能寺西側と北側に広がる荒れ地（または水田）に配置するしかないが、上図の直接包囲に参加していない残りの兵力1万以上を待機させるには、地面の状態があまりよいとは言えず、そもそもそのような布陣が本当に必要だったのかということからしても、疑問が残る。

再審

争点5　京都所司代村井貞勝の動き

村井《むらい》貞勝《さだかつ》

京都所司代　永正17年（1520年）生まれ。この時62歳。織田信長が家督を継いだ頃からの行政手腕に長けた家臣で、武官というよりは文官。天正元年（1573年）より京都所司代を務める。天正3年（1575年）、朝廷より正六位下 長門守に叙任される。

村井が聞いた喧嘩騒ぎとは？

『惟任退治記』の当日朝の部分を見てみよう。

※　　※

村井入道春長軒御門外有家

村井入道春長軒（貞勝）は、（本能寺の）御門外に家があった。

聞御所之震動　初喧嘩乎心得

御所の騒ぎを聞いて、最初は喧嘩かと思った。

物具不取敢走出　欲相鎮見之　惟任人數二萬餘騎成圍

取る物も取りあえず走り出て、鎮めようとこれをみると、惟任の軍勢二万余騎が囲んでいた。

雖盡可蒐入　術計不叶

中に入ろうとしたが、できなかった。

依之馳参信忠御本陣所之妙覺寺。言上此旨

そのため、信忠本陣の妙覚寺に馳せ参じ、この旨を言上した。

※　　※

そもそも妙覚寺で討ち死にしてしまった貞勝の動向をどうやって調べて記録したのか定かではないが、ルイス・フロイスの『日本史』にも「早朝のミサの準備をしていた司祭に、御殿の前で騒ぎが起こっているからしばらく待つようにと言った」という記述がある。

ということは、最初は喧嘩騒ぎ程度の小競り合いがあったことは確かなのだろう。

大河ドラマや映画のように、実際には不可能なほどの大軍勢で本能寺を取り囲んで一斉に攻撃を仕掛けたのであれば、これは小競り合いや喧嘩といった類の騒音・震動ではなかっただろう。

やはり、まず少人数同士が小競り合いを演じたと考えた方が無難だ。光秀が先行させた少人数の部隊だったのだろうか。それとも、まったく異なる暗殺集団だったのだろうか？

そのあたり、定かではない。

そもそも村井はどこにいたのか？

さてこの村井貞勝だが、事件の時実際はどこにいたのだろう。『惟任退治記』にある「村井入道春長軒御門外有家」とは、どこなのだろうか。実は、この「御門外有家」の場所はわかっていない。しかし、京極三条に館を持っていたと言われている。だとすると、わざわざ本能寺の隣接地に家を建てるだろうか。これは、本能寺改築の奉行をやった時の仮屋ではないだろうか。だとすると、本能寺改築も終わっているこの時期、やはり自宅にいたと考えるのが妥当だろう。そうなると、京極三条は本能寺から結構遠い。そこにいたとすると「喧嘩かと思った」という小さな騒動を知ることはできなかっただろう。

もちろん、本能寺に隣接する仮屋（と思われる）にいたのであれば問題ないのだが、そうでないとするなら、わざわざ時間を合わせて本能寺にやって来たのだろうか。だとすれば、何をしに来たのだろうか。疑問が残るところだ。

村井はなぜ本能寺で無事だったのか

これも引っかかる点だ。

前述のとおり「喧嘩騒ぎだと思って外に出た村井が見ていると、明智の2万以上の兵に囲まれ、中に入ろうとしたができなかったので、妙覚寺に報告に行った」とするなら、よくも無事で済んだものだ。

京都所司代を長く務めていた村井貞勝である。雑兵はともかく、明智光秀配下のそれなりの武将であれば、顔を見知っていただろう。

だとするなら、貞勝は「敵」のはずである。真っ先に討ち取られて然るべきだ。

また、よく妙覚寺へ行けたものだ。本能寺の周囲の道路はおそらく光秀側の軍勢で埋まっていたと思われる。

ただ見ているだけなら見逃されたかもしれないが、こと妙覚寺に御注進となるなら、これは妨害（多分、殺害）されてもおかしくないだろう。もちろん、どさくさに紛れて…ということも考えられなくはないのだが。

村井はなぜ、軍を動かさなかったのか

村井が光秀に同心していたという説はこの際一旦脇においておくとして、村井の動きには、どうしても腑に落ちない点がもう一つある。これがもっとも不思議な点だといってもいいかもしれない。

隠居の身とはいえ、長らく京都所司代の職にあった村井が、京都に常駐している配下の軍勢（京に常駐している所司代配下の1000と言われている兵力）をなぜ動かさなかったのだろうか。

結果的に貞勝はその息子たち2人（長男で村井家当主の貞成《さだなり》、次男清次《せいじ》）と共に二条御新造の織田信忠の方に駆けつけているのだが、信長の方ははなから見捨てたような動きと言われても仕方がない。

再審 可能性

定説と異なる襲撃の実像

本当に大人数で攻めたのか?

これまで検証してきた事柄を考え合わせると、どうも大河ドラマや映画でお馴染みの光景が浮かんでこない。

雨上がりのぬかるんだ道をわざわざ夜間に行軍し、途中で飯まで喰い、急に行き先を変更して京へと向かい、増水した桂川をきわめて短時間で渡りきり、包囲するなら400もいれば十分で、それ以上いてもいる場所もないような場所に1万3000もの兵を率いていった。

類似の暗殺事件として、嘉吉《かきつ》元年（1441年）に発生した「嘉吉の変」を見てみよう。信長も光秀も秀吉も生まれていない、まだ室町幕府がまともに機能していたころの話。

嘉吉の変の犠牲者
室町幕府第六代将軍 足利義教

暗殺されたのは六代将軍足利義教《あしかがよしのり》。ご存じ「籤《くじ》引き将軍」。四代将軍足利義持《あしかがよしもち》が後継者を決めないで死に、嫡男も早世していたことから、いずれも出家していた義持の4人の弟の中から籤引きで決められた将軍。ところがこの義教、将軍になった途端に急に強権をふるい始め、あちこちの守護大名の家督相続に介入し、自分の意に沿う人物に強引に家督を相続させ、その政治は「万人恐怖《ばんにんきょうふ》」と呼ばれていた。

やったのは、赤松満祐《あかまつみつすけ》。この人、播磨《はりま》・美作《みまさか》・備前《びぜん》三カ国の守護を務める実力者。次は自分の家の番だと思ったのか、見事なほど簡単に義教は「バッサリ」やられた。

関東で起こった争乱（結城合戦《ゆうきかっせん》）を鎮圧して都に凱旋した幕府軍に籤引将軍は、ご満悦。この世の春を謳歌しつつ、あちこちで祝宴に次ぐ祝宴。周囲の人々はヨイショと忖度のオンパレードといったところだろう。

そして6月24日、この日は西洞院《にしのとういん》二条《にじょう》にある赤松邸での祝宴。招かれた参加者は主賓の将軍義教はもちろん、管領細川持之《かんれいほそかわもちゆき》をはじめ、畠山持永《はたけやまもちなが》、山名持豊《やまなもちとよ》（宗全《そうぜん》）、一色教親《いっしきのりちか》、細川持常《ほそかわもちつね》、大内持世《おおうちもちよ》、京極高数《きょうごくたかかず》、山名煕貴《やまなひろたか》、細川持春《ほそかわもちはる》、赤松貞村《あかまつさだむら》といった有力者たち（これらは皆、将軍義教の意向で家督を継ぐことができた人々）とその随行・警備の者たち。

一同が猿楽《さるがく》を鑑賞しているその時、甲冑を身につけた赤松家の数十人の武者が乱入。あっという間に将軍義教の首をはねてしまった。

当然、警備の者たちとの斬り合いになったものの、甲冑を身につけた赤松側の勝利に終わり、赤松満祐は堂々と領国へと引き上げていった。余談だが、この事件で真っ先に逃げたのが管領の細川持之。本来将軍を真っ先に守るべき腹心が真っ先に逃げたわけで、その後赤松討伐軍を募ってもなかなか参加者が集まらず、結果として幕府の権威を落とすこととなった。

さて、この事件は我々に、否応なしに本能寺の変との比較を迫る。目的は、ある特定人物の「暗殺」。方法は、「奇襲」。襲う側が甲冑武装に対して、襲われる側がほぼ非武装という点。これらが似ているのである。

そう、そもそも暗殺とはこのように少人数で短時間に行うものであって、大軍勢で取り囲んで、城攻めのように襲いかかるものではない。ましてや、嘉吉の変のように「討ち取った」という証人がたくさんいることも大切だ。「首」をとって天下に示してこその成功なのだ。ましてや、遺体が燃えてしまっては意味がない。

少なくとも、1万3000で襲いかかるというのは、特に連戦に次ぐ連戦を重ねてきた光秀がとる「手」としては、どうにも腑に落ちない。

光秀軍は鉄砲隊を用いた？

定説のもととなっている史料（証拠）の一つ『信長公記』によると、光秀軍は信長の御殿に鉄砲を撃ち込んできたとある。秀吉の援軍に行こうとしていた軍団編成なのだから、当然鉄砲隊はいる。

一方の『惟任退治記』では、信長は縁に出て弓を射り、鎌槍まで使って応戦したとある。

フロイスの『日本史』でも、しばらく戦った後に腕に銃弾を受けて奥に引っ込んだという。

当時の火縄銃の射程は500～700m。

しかしこれは仰角をつけて撃った場合で、ただ「届く」というだけ。

実際に板や武具を貫こうとする有効射程距離は、50～100mと言われている。逆にいうと、この距離ならある程度の高い命中精度と貫通能力を有するということになる。

本能寺の北東に建てられていたと言われている信長の宿所（御殿）の大きさは、本能寺の大きさ（120m四方）の半分以下であったと考えられる。

さらに、その限られた範囲の中に立てられた御殿の縁に出てきた信長を、御殿を囲む塀の上から撃ったとするなら、射程距離は20～30m程度であったと考えられる。

この距離で塀の上から一斉射撃を受ければ、ほぼ目標に命中すると考えていい。さらに、とてつもなく大きな銃撃音がする。

普通に考えるなら、この一撃で縁に出ていた者は全て蜂の巣。これで「おしまい」だろう。

光秀軍は、鉄砲を使わなかったのではないだろうか。

ただ、鉄砲を威嚇射撃のためにだけ使用したのであれば、これは話が違ってくる。その場合は、暗殺ではなく拉致を目的としたのではないかという可能性も出てくる。

確認しておきたい暗殺のキーワード

要人暗殺のキーワードは「奇襲」「スピード」「結果の証明」にある。特に3番目の「結果の証明」が大事で、だれも本当のことだと信じてもらえないと意味がない。

現在なら記者会見や映像の公開などの方法があるだろうが、当時は嘉吉の変のように、周囲に証人になる人々がたくさんいる場合ならともかく、そうでない場合は首をとって晒すというやり方が多い。

その首をとらねばならないのに、火災（信長側が火を付けたと言われているが）を発生させて、万が一にも遺体が灰になるまで焼けてしまうようなことだけは、何としても避けたい。

そうならないためには、やはり「奇襲」が前提であり、スピードが鍵になる作戦をとるのが常道だろう。

再審 可能性 キーマンとして浮上する村井

村井が無事だった理由

村井が押し寄せる光秀軍の中にあって、なぜ殺されなかったかという点を考えてみると、次の二つの可能性が考えられる。

①村井貞勝が敵ではなく第三者的立場だった場合

これは、光秀の一味だという意味ではない。本能寺を襲ったのは村井を知らない連中であったという意味だ。その場合、光秀軍なら当然村井の顔を見知っていたと考えられるので、光秀以外の勢力の荷担が疑われる。

②村井貞勝が光秀の仲間だった場合

村井貞勝が最初から光秀の計画を知っていて同心していたのなら、村井の行動はさほどおかしくはない。そうなれば村井は光秀の敵ではなく味方ということになる。

ただ、だとしても少々妙な点がある。

知っていたのなら、なぜ妙覚寺にいる信長嫡男の信忠に注進に走ったのだろうか。そのような必要性はない。放置しておいても、事は自然に進んだと思われる。

村井が軍を動かさなかった理由

これは、村井が光秀の仲間だったとすると意味をなさない設問となる。そこで、仲間ではなかったことを前提として考えてみよう。

① 既に信長は村井の仕える相手ではなかった

この時点での名目上の織田家の当主は信長ではなく信忠だったため、村井の頭に真っ先に浮かんだのは当主としての信忠の無事だった。

よって、襲われている信長よりも、妙覚寺にいる信忠の方を大切に思って動いたということ。

ただ、いささか無理があるとするなら、それは信忠の地位があくまでも「名目上」に過ぎないという点だろう。

名目上というのは、事実上信長は隠居などしておらず最高権力者の地位にあったからで、誰もが知るところだった。

② 村井はただの隠居だった

今一つは、村井が既に隠居の身だったという点。

隠居しても厳然と影響力を及ぼし続ける政治家はいくらもいるが、村井の場合、齢62歳（当時としては高齢）を迎え、息子に当主を譲っていることもあり、影響力がなくなっていた場合だ。

つまり、「元」所司代では兵力を動かすことなど叶わなかったということ。

妙覚寺に走ったのは、せめてものご奉公。

③ まったく別のシナリオがあった

もう一つ、推理してみよう。

本能寺を包囲した光秀軍による鉄砲射撃について検証し、一斉射撃で倒せなかったとするなら、それは威嚇射撃ではなかったかとの推理をしてみた。

そうなると、目的は「暗殺」ではなく「拉致・監禁」であった可能性が出てくる。拉致・監禁するなら、目的は何らかの要求を通すことだと絞られてくる。それなら、村井は殺されることもないだろうし、安心して妙覚寺に向かったであろう。

その要求とは何か。そうなると、最近歴史学者が唱えている「長宗我部征伐中止」とか「実質的に家督を譲った後に自らの無位無冠を解消して朝廷から然るべき官位を受けさせる」などという説が登場してきてもおかしくない。

④ 実は村井はいなかった

『信長公記』に村井が本能寺の門外に住んでいたように書かれている。通常、門外というと門の外全般を言うのではなく、門の外側すぐ近く（あるいは隣接）を指す。

しかし、この時村井は三条京極《さんじょうきょうごく》に屋敷をもっていた。鴨川に近い、本能寺からは結構離れた場所だ。また、役所としての京都所司代だが、こちらも堀川春日小路というから、本能寺の北に8丁も行ったところで、上京と下京の真ん中あたりにある。なのに、本能寺のすぐ近くにも屋敷をもっていたのだろうか。必要か不必要かと言われると、本能寺のそばに本能寺警備の駐屯地を作るならともかく、私邸を設けても大して役に立たない。

村井さん、本当は現場にいなかったのではないだろうか。

つまり、豊臣秀吉が大村由己に『惟任退治記』を書かせた時に、村井が子息と共に二条御新造で討ち死にしてしまっていたので、それなりに知られた人物の死であるから、なぜ討ち死にしたかを辻褄合わせで創作させたのではないかとの穿った見方をしてしまう。あるいは、それ以上に重要な役割を担っていたのか？

そうでないと、村井貞勝という人物の行動が、この後に検証していく妙覚寺・二条御新造の場面においても、とても奇妙なのである。

ココまでのまとめ

本能寺の変 第一幕の終わり

本能寺の変といわれた事件は、いくつかの段階に分かれている。まず、光秀が丹波亀山を出陣してから本能寺を包囲するまでが幕前、本能寺を襲撃するところが第一幕。

まず、幕前の段階でかなり定説が怪しいということを見てきた。もちろん、定説がここでズッコケたのでは、その後の話は成立しなくなるのだが、十分にその可能性もあることがわかった。

そしてこの第一幕だが、かろうじて幕前の難関を突破したとしての話だが、どうにも1万3000の兵で襲撃したとは考えにくい。少なくとも大河ドラマや映画のイメージとは異なる。少人数で密かに執り行われた事件であるなら、まだ納得できる部分も多い。

しかし、そうなると果たしてそれを光秀がやったのだろうかという根本的な疑問も湧いてくる。タイミングが合ってしまっただけで、他の誰かの指図で暗殺部隊が送り込まれたと考えても少しもおかしくない。もちろん、光秀の放った暗殺部隊が密かに実行し、あとから光秀軍が到着したとも考えられるのだが…

次は、ますます妙な動きをする村井貞勝が妙覚寺に駆け込むところからみていこう。第二幕の開幕だ。

第四章 二条御新造

再審のための争点整理Ⅱ

再審 争点6 妙覚寺と二条御新造

本能寺の変当日には、もう一つ見逃してはならない重要な出来事がある。

信長の嫡男でこの時点で織田家の当主であった信忠が宿所の妙覚寺を出て、隣の二条御新造に立て籠もって討ち死にしている件だ。本能寺の変第二幕といってもいいだろう。

光秀はなぜ、妙覚寺を同時に攻めなかったのか

本能寺を襲った光秀は、その後軍を信長の嫡男で織田家当主の信忠が滞在する妙覚寺へと進め、信忠が妙覚寺に隣接する二条御新造に籠もっていることを知り、そこを襲撃したというのが定説だが、その部分の『惟任退治記』の一節を見てみよう。

＊　＊

惟任者将軍召御腹。御殿火焔上。成安堵思。尋信忠御陣所被楯籠二條御所由聞之。不続武士息。押寄二条御所。御所勿論覺悟之偂。開置大手門戸。弓鐵砲揃立…

光秀は、将軍(信長のこと)が腹を召し(切腹し)、御殿が炎上したので、安心して信忠の陣所を尋ねられ、二條御所(二條御新造のこと)に立て籠もっていると聞いた。武士たちを休ませることなく、二條御所に押し寄せた。御所はもちろん覚悟の備えで、大手門を開き弓鉄砲を前面に並べて…

＊　＊

このことから、光秀はまず本能寺を襲い、その後に妙覚寺に向かったことがわかる。

この時間帯になれば、京の人々もこの騒ぎに気づいただろうから、いくら秀吉ヨイショのプロパガンダ本『惟任退治記』だといっても、こんなすぐバレるくだりで嘘は書かないだろう。

しかし「御殿が炎上したので、安心して信忠の陣所を尋ねられ」というくだりは納得できない。

「安心」してはならないのである。信長の死を世間に認めさせるためには、どうしても信長の遺体（首）が必要であり、早急に信長の遺体を回収する必要がある。むしろ、必死で消火活動を行うべき局面だと言えよう。

そもそも光秀は、なぜ本能寺と妙覚寺を同時に攻めなかったのだろうか。

信忠が家康を送りつつ安土から京に上洛した際に連れてきた兵力は2000。一方、京の警備にあたる京都所司代配下の常備兵は1000。合計3000。

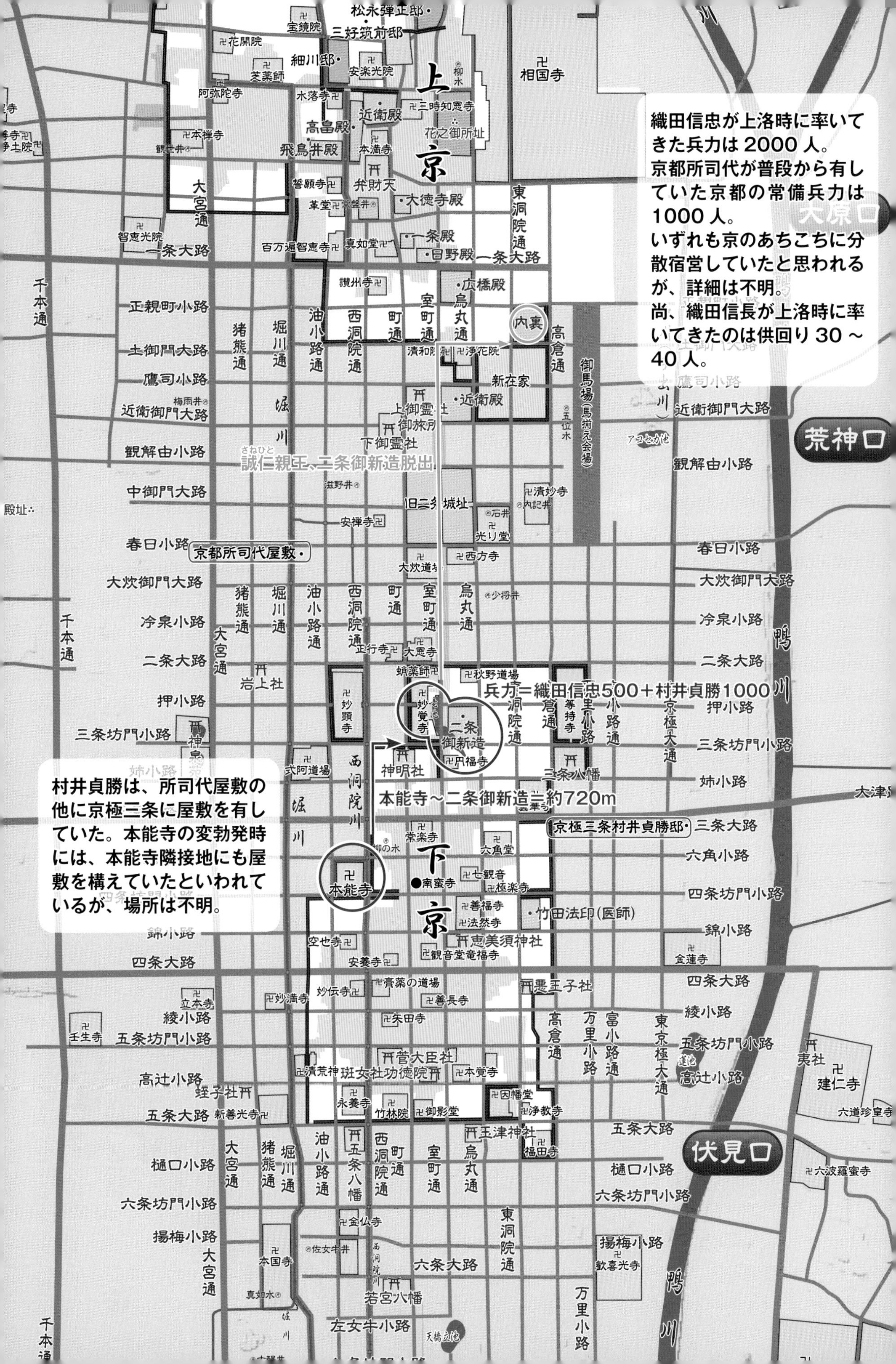

織田信忠が上洛時に率いてきた兵力は 2000 人。
京都所司代が普段から有していた京都の常備兵力は 1000 人。
いずれも京のあちこちに分散宿営していたと思われるが、詳細は不明。
尚、織田信長が上洛時に率いてきたのは供回り 30 ～ 40 人。
村井貞勝は、所司代屋敷の他に京極三条に屋敷を有していた。本能寺の変勃発時には、本能寺隣接地にも屋敷を構えていたといわれているが、場所は不明。
兵力＝織田信忠500＋村井貞勝1000
本能寺～二条御新造＝約720m
誠仁《さねひと》親王、二条御新造脱出
京都所司代屋敷・
京極三条村井貞勝邸・
上京
下京
大原口
荒神口
伏見口
内裏
二条御新造
妙覚寺
円福寺
本能寺
南蛮寺
松永弾正邸・
三好筑前邸
細川邸・
宝鏡院
花開院
芝薬師
安楽光院
阿弥陀寺
水落寺
近衛殿
三時知恩寺
高畠殿
花之御所址
本禅寺
観世井
飛鳥井殿
本満寺
柳水
相国寺
大宮通
誓願寺
弁財天
革堂
常盤井
大徳寺殿
智恵光院
百万遍智恵寺
真如堂
一条殿
日野殿
一条大路
東洞院通
千本通
讃州寺
広橋殿
正親町小路
猪熊通
堀川通
油小路通
西洞院通
町通
室町通
烏丸通
高倉通
土御門大路
清和院
浄花院
鷹司小路
新在家
御馬場(馬揃え会場)
梅雨井
近衛御門大路
堀川
上御霊社
御旅所
近衛殿
五位水
アコセが池
観解由小路
下御霊社
中御門大路
滋野井
旧二条城址
清妙寺
内記井
殿址
安禅寺
石井
光り堂
春日小路
西方寺
大炊道場
大炊御門大路
少将井
冷泉小路
正行寺
大恩寺
二条大路
岩上社
蛸薬師
秋野道場
押小路
妙顕寺
等持寺
万里小路通
富小路通
京極大通
三条坊門小路
神泉苑
式阿道場
神明社
三条八幡
姉小路
鴨川
大津
三条大路
常楽寺
柳の水
六角堂
六角小路
七観音
極楽寺
四条坊門小路
善福寺
竹田法印(医師)
法然寺
錦小路
空也寺
恵美須神社
観音堂竜福寺
金蓮寺
四条大路
安養寺
膏薬の道場
悪王子社
妙伝寺
立本寺
妙満寺
善長寺
綾小路
壬生寺
矢田寺
五条坊門小路
夷社
菅大臣社
清荒神
班女社
功徳院
本覚寺
高辻小路
蓮池
建仁寺
蛭子社
因幡堂
永養寺
竹林院
御影堂
浄教寺
五条大路
新善光寺
六道珍皇寺
玉津神社
福田寺
五条八幡
樋口小路
六波羅蜜寺
六条坊門小路
金仏寺
揚梅小路
佐女牛井
本国寺
歓喜光寺
六条大路
若宮八幡
真如水
左女牛小路
天橋立池

しかもこの3000は1か所に集中配備されていたわけではない。信忠率いる2000は、おそらく妙覚寺周辺に分宿することになったと思われる。一方の京都所司代配下の1000については、通常警備を行う木戸や楼門もあり、もともと分散配置であったと考えられる。

具体的にどこに何人配備されていたかは光秀もわからなかったかもしれないが、このように分散配備されていたことくらいは常識的にわかっていただろう。

光秀の兵力は1万3000である。前章で検証したとおり、本能寺を包囲・攻撃するのに用いることができる兵力はと言えば、せいぜい数百。あとは待機になる。

ならば、どうしてその兵力を用いて妙覚寺を同時攻撃しなかったのだろうか。

攻撃していれば、こちらも奇襲になる。再び『惟任退治記』を見てみよう。

＊　＊

……術計不叶。依之馳参信忠御陣所之妙覺寺。言上此旨。信忠者是非懸入本能寺。諸共可切腹由。雖有僉儀。敵軍重重堅固之圍。非翔天翼者。難成通路。寔咫千里歎犹有餘

……（村井貞勝は、本能寺には）入れなかったので、信忠の陣所妙覚寺に馳せ参じた。（本能寺の次第を）言上すると信忠は、是非本能寺に懸け入って（信長）諸共切腹（多分、討ち死にという意味が強い）とのこと。話し合ったが、敵軍の囲みが厳重で、翼があり空を飛ばねば無理で、突破は難しい。まさに咫尺《しせき》千里の嘆き！

＊　＊

つまり光秀は、敵に分析させるだけの時間を与えてしまっているのだが、村井側も、これは少々正確な情報ではなかったといえよう。なぜなら、この頃まだ光秀は大軍をもって妙覚寺を取り囲めてはいなかったと思われるからだ。

この辺りからが本能寺の変第二幕「妙覚寺と二条御新造」の核心に触れるところになる。

果たして村井貞勝は信忠に何と報告したのだろうか。

村井の報告とアドバイス

村井貞勝の急報を得て、信忠は取る物も取りあえず、集められるだけの人数を率いて一旦は本能寺に向かった（あるいは向かおうとした）と言われている。しかし、途中で光秀の大軍を目にして不利を悟り、二条御新造に籠城した。

三度《みたび》、『惟任退治記』。

＊　＊

然妙覚寺浅間敷陣取也。於近辺何方切腹之館可有之。有御尋。春長軒承。忝親王之御座二條御所可然申言上仕。二條御所案内申。忝春宮召輩。奉移内裡。信忠纔五百計入玉二條御所。

然るに、妙覚寺は浅ましい陣取である。近辺において切腹すべき館がないだろうか。お尋ね有り。春長軒《しゅんちょうけん》（村井貞勝のこと）が承る。もったいなくも、親王の御座所二條御所が相応しいと言上し、二條御所にご案内申し上げた。もったいなくも春宮（皇太子＝誠仁親王）はお召しになり、内裏にお移りになられ、信忠はわずか５００人で二條御所に入った。

＊　　＊

つまり、妙覚寺では心許ないので、誠仁親王の御所になっている二条御新造に移った方がよいと言って、信忠を連れて行ったということだ。そして、親王には、内裏に移ってもらったという。

もちろん、長年京都所司代を務め、正親町天皇・誠仁親王以下公家衆にも顔が売れていた村井貞勝ならではの進言なのだろうが、実際にそのようなことが可能だろうか。

事実、誠仁親王は二条御新造を出て、たまたま通りかかったという里村紹巴が用意した荷車に乗って内裏へと退去していったと言うのだが、これもまた偶然が過ぎるような気がする。

誠仁親王の脱出の謎

信忠が二条御新造に移ったタイミングと誠仁親王が二条御新造を脱出したタイミングには、時間差があると考えられる。

①村井の通報→②二条御新造への移動→③周囲を光秀軍が包囲→④誠仁親王の二条御新造退出

誠仁親王の脱出は（②と③が逆だった可能性はあるが）既に二条御新造が光秀軍に取り囲まれた後だったと思われる。

ちなみにその時刻について高柳光寿氏は、「辰の刻（午前6～8時」としており、『川角太閤記』の時間軸に合わせている。

そうだとすると、ある一定時間帯、信忠は親王を拉致した状態においたことになる。このような行為が許されるものだろうか。ともすれば逆賊になりかねない。

百歩譲って織田信忠という人物がさほど勤土の志などなかったとするなら、今度は逆になぜ解放したのかという疑問が湧いてくる。これ以上ない人質であり、誠仁親王を確保しておきさえすれば、たとえ光秀と言えども容易には手を出せない。攻めかかって万が一のことがあれば、今度は光秀が朝廷に弓引く者となり、日本中から逆賊の誹りを免れない。

最も賢明な手としては、親王を伴ったままで光秀軍を引かせて逃げることだろう。これには光秀も手は出せない。

しかし、実際はと言うと、戦闘を一時中断して光秀側と交渉の上、親王を退去させているのである。

ところで、『勧修寺晴豊』の日記によると光秀は、後日晴豊に対し「（誠仁親王が）ご無事に内裏にお移りになられ恐悦至極に存じます」と語ったとある。

これがもし本当だとするなら、光秀は相当周りの空気を読めない脳天気と言わざるを得ないだろう。

考えてみてほしい。自分のせいで相手に命が危ないような目に遭わせておいて、後に「よかったね」と言われて尋常でいられる人間がいるだろうか。しかし、晴豊は特に不思議がっている様子もない。普通なら「お前のせいだろ！」と怒っても不思議はない。

これは、いったい何を暗示しているのだろうか。

信忠はなぜ逃げなかったのか？

仮に誠仁親王を人質にして逃げなかったとしても、そもそも信忠は、なぜもっと早い時期に逃げなかったのだろうか。

それは「父親を殺されての仇討ち的な義憤」だからだという考え方もあろうが、それは江戸時代に成立した考え方。

我々が想像する以上に弱肉強食の戦国時代において、裏切り・だまし討ちは当たり前だ。

今日で言うところのいわゆる「武士道」的な考え方が定着するのは、平和になった江戸時代も元禄に近い頃。つまり、戦国時代を知っている人がいなくなった後。

戦国時代で大切なことは、当主を何をおいても守りきることだ。当主を失えば、基本的にその家は滅亡であり、それは大企業が倒産するのに等しい。そのため、配下の者は「金を払ってくれる」当主を何としても守って生かそうとした。打算的ではあるが、戦国時代とは、打算以外の考え方が通用しない時代でもある。

では、信忠は脱出できたのか？

十分に可能だったと思われる。

事実、織田有楽斎《うらくさい》などは、逃げ切れているのだ。

下京から上ってくる光秀軍に対し、妙覚寺からそのまま北方へ逃げることも、おそらく東方へ逃げることも可能だったろう。

一旦窮地を脱しさえすれば、摂津には四国渡海を控えた神戸信孝の軍もいる。自身も最低限の兵力として2000を率いている（実際には分散していて、二条御新造に参じた兵力は

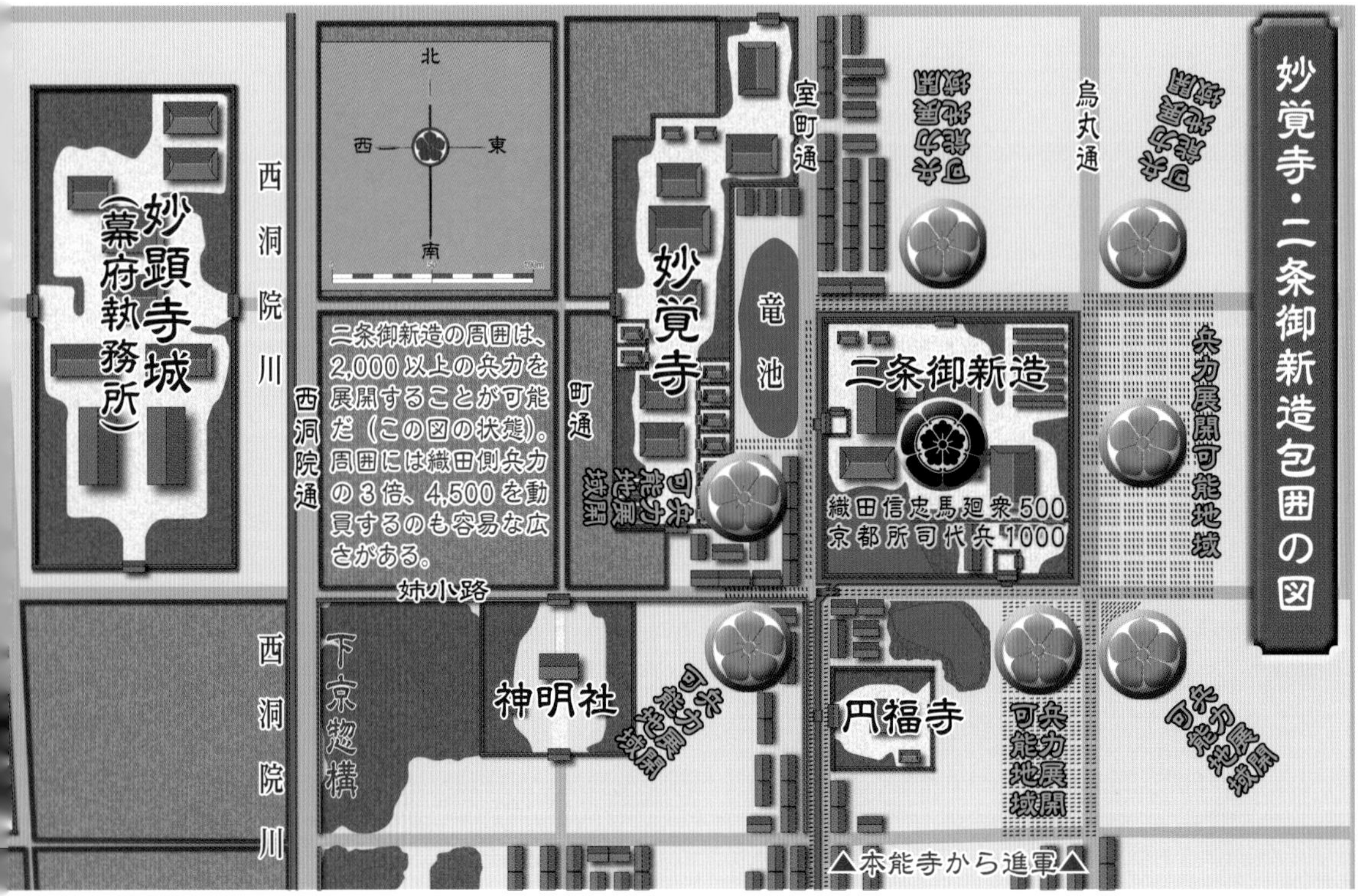

建物は想像

500と、京都所司代の兵力1000であったと言われてはいるが)。

一旦脱出してこれらの兵力を集結させれば、これはおいそれと討たれるものではない。

京の兵力の配置状況を最も心得ている村井貞勝は、なぜ信忠に脱出を進めなかったのだろうか。

村井父子討ち死にの謎

村井貞勝については、もう一つ腑に落ちないことがある。本人だけでなく、2人の息子も討ち死にしてしまうのである。戦国時代、武家にとっては家を存続させることが何よりも大事なことだ。

信濃の真田家などを見てほしい。関ヶ原合戦の折、当主の昌幸、長男信幸、次男信繁の3人は徳川家康率いる上杉景勝討伐軍に参加していたものの、石田三成挙兵の報に接し、現在の栃木県佐野市犬伏で密かに談合し、昌幸と信繁は上田に戻って三成方で、長男信幸はそのまま家康に従っていくという策を巡らせた。これは、どちらが勝っても負けても家が存続できることを狙ったものだ。特に、事が天下に直接関わりそうな場合には、このような策が有効だ。

本能寺で信長が討たれた。これは天下の一大事だ。それなのに、一族の男子が皆で二条御新造に籠もってしまっては、それこそ負ければ家が断絶しかねないし、事実そうなった。非常に考えにくい行動と言えよう。

本当に討ち死にしたのだろうか。それとも、別の理由で死んだのだろうか。疑ってみたくなる。

二条御新造籠城と攻者3倍の法則

織田信忠は村井貞勝の進言を入れて妙覚寺に隣接する二条御新造に移ったのだが、二条御新造は、周囲の状況が本能寺とは異なる。

二条御新造の場所は、上京と下京の中間あたりで、人家は室町通に沿ったところにはあったものの、空き地が目立つ。また、攻撃する側としては、放棄された妙覚寺を使うことも可能だ。前頁下の図に明智軍の兵力を展開してみたが、ここに描いただけで2000を超える軍勢を配置できた。

攻者3倍の法則というのがある。これは、1870年にフランス帝国（第二帝政）とプロイセン王国の間で勃発した普仏戦争（独仏戦争・1870年戦争とも言う）から第一次世界大戦にかけての戦闘をドイツ陸軍が研究して経験論的に導き出された法則だ。平たく言うと、装備が同程度であれば敵の陣地を占領するのに必要な兵力は、敵の3倍だというもの。

この法則をそのまま当てはめてみると、二条御新造に集まった信忠の兵力は馬廻衆が500、京都所司代配下が1000と言われている。よって、4500の兵力があれば、落ちるということになる。もちろん、光秀が引き連れている総兵力1万3000など必要ない。

信忠の方はというと、そもそも村井貞勝の注進によって敵が光秀だと知った段階で、まともに戦っても勝てないことは明らかだし、信忠もそう認識したと思われる。

その際、妙覚寺にいた５００の手勢を率いて二条御新造に籠もるなら、残りの何とか集まった１０００の京都所司代兵まで籠城させてしまっては、これはまったくかなわない。

例えば、空になった妙覚寺、あるいはその西側2丁の距離にある妙顕《みょうけん》寺城《じじょう》に集結させて、南から北上してくる光秀軍の側面を突く。特に、幾筋かの道に沿った形での北上しかできなかったであろう光秀軍に対しては、有効な作戦である。

いわゆる野戦型の戦い方だが、その方が時間が稼げる。つまり、脱出する時間が稼げるのだ。繰り返しになるが、この時代の戦では、大将の首を取られたら負けであり、跡継ぎがいなければ、その家は滅亡という時代なのだ。この時代の普通の武将なら、このように考えたのではないだろうか。

ちなみに妙顕寺城というのは、城を付けて呼ばれていたが、早い話、行政機関が集まった建物群。しかし、ここも妙覚寺同様にそれなりの塀が巡らされていたと考えられる。何もそこに籠城しようというのではないので、一旦集結する程度にはうってつけの場所だろう。

やはり、包囲される前に北か北東に逃げるべきだったのだ。

二条御新造炎上と信忠の骨

本能寺で信長の遺体や遺骨が発見できなかったのと同様、二条御新造でも信忠の遺体も遺骨も発見されていない。

なぜだろうか。

また、こちらも最後は火災が発生しているが、本能寺より密集した地域であるにもかかわらず、周囲に延焼した形跡はない。

本能寺の時と同様、火災を発生させてしまうということは、光秀にとっては非常に不都合だ。

主な標的は信長だったとして、（名目上とはいえ）織田家当主の信忠を討ち漏らしたとなると、織田家の他の家臣たちを生き残った信忠のもとに団結させてしまう可能性もあり、クーデター後の政治的な不利は免れない。光秀にとっては、信長・信忠二つの首を天下に晒してこそ、このクーデターは成功したと言ってよい。

ところで、現在の火葬場では、８００～１２００℃で50～70分焼く。

また、その際に遺骨が散乱しないように受け皿が設けてあり、そこで遺骨を受けとめる仕組みになっている。

火事場の温度はというと、ＩＳＯ８３４では、標準火災温度として、1時間で９４５℃、2時間で１０４９℃、3時間では１１１０℃という値を示しており、消火設備のない当時、焼けるに任せてしまうと、１０００℃以上の環境に数時間放置されたと考えられる。

この状態で、遺骨が誰のものか判別できる状態が保てるとは考えにくい。周囲の燃焼物と渾然一体となってしまい、人骨であることを判別すること自体が困難だと思われる。

よって、信長・信忠の遺骨が発見できなかったとしても、火災が発生してしまった以上、それは決して不思議なことではない。

しかも、本能寺の場合とは異なり、信忠に脱出の機会があったと考えられるからには、光秀の行動（作戦）は「無策」と言わざるを得ない。

こうして本能寺・妙覚寺・二条御新造とみてくると、どうも光秀がやったにしては行き当たりばったりの計画に見えて仕方がない。百戦錬磨の知略家光秀の動き方がこのように伝わったということ自体に、何か隠された事実があるのだろうか。これから考察を進めていきたい。

コラム

筒井順慶の動き
～大和郡山の順慶は敵か味方か～

これまで触れる機会がなかったので、ここで今一人の中国援軍、筒井順慶の動きを確認しておこう。

筒井順慶は、6月2日早朝に大和郡山城を出発し、京へと向かった。果たして順慶は光秀に呼応していたのか、いなかったのか。

夜明けやや前の午前4時に出発し、整備された奈

良街道を普通歩行速度平均値の時速4㎞で進軍したとしよう。前頁の地図に1時間ごとにどのあたりまで進んだかを記したが、本能寺の変を聞きつけて郡山城に引き返し、その夜家臣と談義に及んだとされているので、午後0時頃には遅くとも引き返したと考え、どこまで行けたかを見てみよう。京への道のりの3分の2といったところだろうか。この動き、まったく光秀とシンクロしていない。もしこのまま京へ進もうとすれば、本能寺付近到着は午後7時〜8時頃になるだろう。ただし、これは信長が4日に中国に出陣すると公家たちに公言した事実とは合致する。信長はやはり、光秀軍と順慶軍を本軍として自らが率いて中国に出陣しようとしたと考えられる。

筒井順慶、光秀にとってこの男はこの時、敵でもなければ味方でもなかった。

コラム

戦術的見地からの問題点

天正10年6月2日の夜明けに本能寺で眠る信長を、現代の特殊部隊が殺害するとした場合にどんな作戦で臨むだろうか。もちろん武器は当時の武器である刀、鑓、弓、鉄炮を前提とする。

前章では「嘉吉の変」を例に取り上げてみたが、最近の例で言うなら、信長をアルカイダの指揮官ウサーマ・ビン・ラーディンに置き換えるとわかりやすい。この暗殺作戦は、Operation《オペレーション》 "Neptune《ネプチューン》 Spear《スピア》"（海神の槍作戦）と呼ばれている。

アメリカ海軍特殊部隊
NAVY SEALsのエンブレム

2011年5月2日、アメリカ軍の特殊部隊はこの作戦を実行、イスラマバード郊外のアボタバードにある邸宅でビン・ラーディンを殺害し

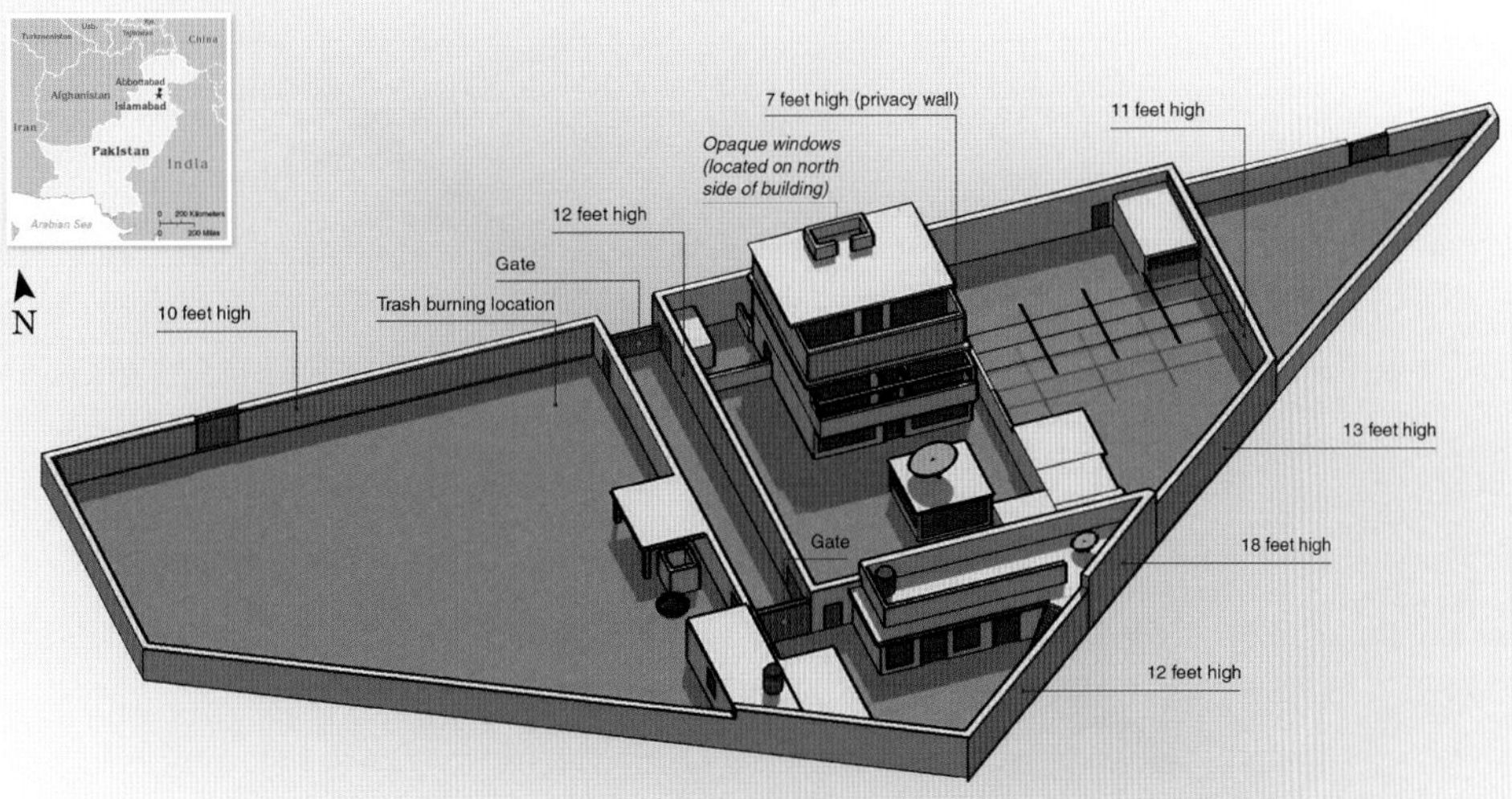

アボタバードのビン･ラーディンの隠れ家（国防総省発表）

ている。この作戦で一番肝心なのはウサーマ・ビン・ラーディンに気づかれて逃げられてしまわないことだ。そのため、少数の海軍特殊部隊（NAVY《ネービー》 SEALs《シールズ》）を邸内に送り込み、40分で制圧したという。

上の図を見るとわかるとおり、ビン・ラーディンの隠れ家も、基本的には塀に囲まれた建物だ。実行にあたって、大軍で包囲するのは気配を察知されやすい。本能寺も同じである。東西南北の門に数名の狙撃隊を張り付ければ済む。短時間で終わらせるために、妙覚寺と同時に攻撃して織田勢の兵力を分散させる。首級確保と京の町を火災で焼かないよう絶対に火はかけない。

では逆に、本能寺を大軍で包囲して焼いてしまい、信長の首級が見つからなかったとすることで得をするのは誰だろうか。

少なくとも6月2日からしばらくは本能寺が焼失したことは事実だが信長が死んだとする証拠は何も出ていない。

6月8日、中国大返しの最中、姫路に到着した羽柴秀吉はその日一日、各地に「信長は生きている」という書状を出しまくった。これは、少なくとも信長の遺体が発見されていないことを知っていたから可能だったのではないだろうか。このことは、いったい何を意味しているのだろうか。

再審 可能性

導き出せる二条御新造襲撃の実像

やはり間に合わない光秀

本能寺の変第一幕である「本能寺襲撃」について第三章で検証を試みたが、今度はその検証を踏まえた上で、二条御新造で起こった「第二幕」を検証してみよう。

光秀が丹波亀山を発って本能寺に至るまでの時間的推移を下図にまとめたので、今一度確認しておこう。

光秀軍が居城の丹波亀山を出立してから本能寺に到着するには、全行程約21㎞を天候・道の状態などを勘案して時速3㎞で進めたとして、7時間を要する。途中の沓掛で食事をとったとするなら、更に1時間追加して最低で8時間。

6月2日の夜明け時刻は、現在の7月1日に相当するので、午前4時46分。

逆算すると、丹波亀山出立時刻は6月1日午後9時46分。

これに最も近いのが『信長公記』だが、それでも夜明けには間に合わない。

つまり、丹波亀山出立時刻は複数説あるが、ここに掲げた数字はあくまでも最低時間であることを考慮すると、本能寺到着は夜が明けてからとするのが正しいと思われる。

一方で、様々な記録が示すように本能寺襲撃が未明であったとするなら、どんなに遅くとも、午前6時までには妙覚寺の信忠のもとに事件の一報が伝わったと思われる。

それを伝えたのが村井貞勝だとするなら、おそらくもう少し早く伝えていたことだろう。

だとすると、本能寺に到着したばかりか、あるいはまだその手前にいた光秀は、本能寺をほぼ「通過」する形で妙覚寺へ向かわないと、時間的な辻褄が合わなくなる。

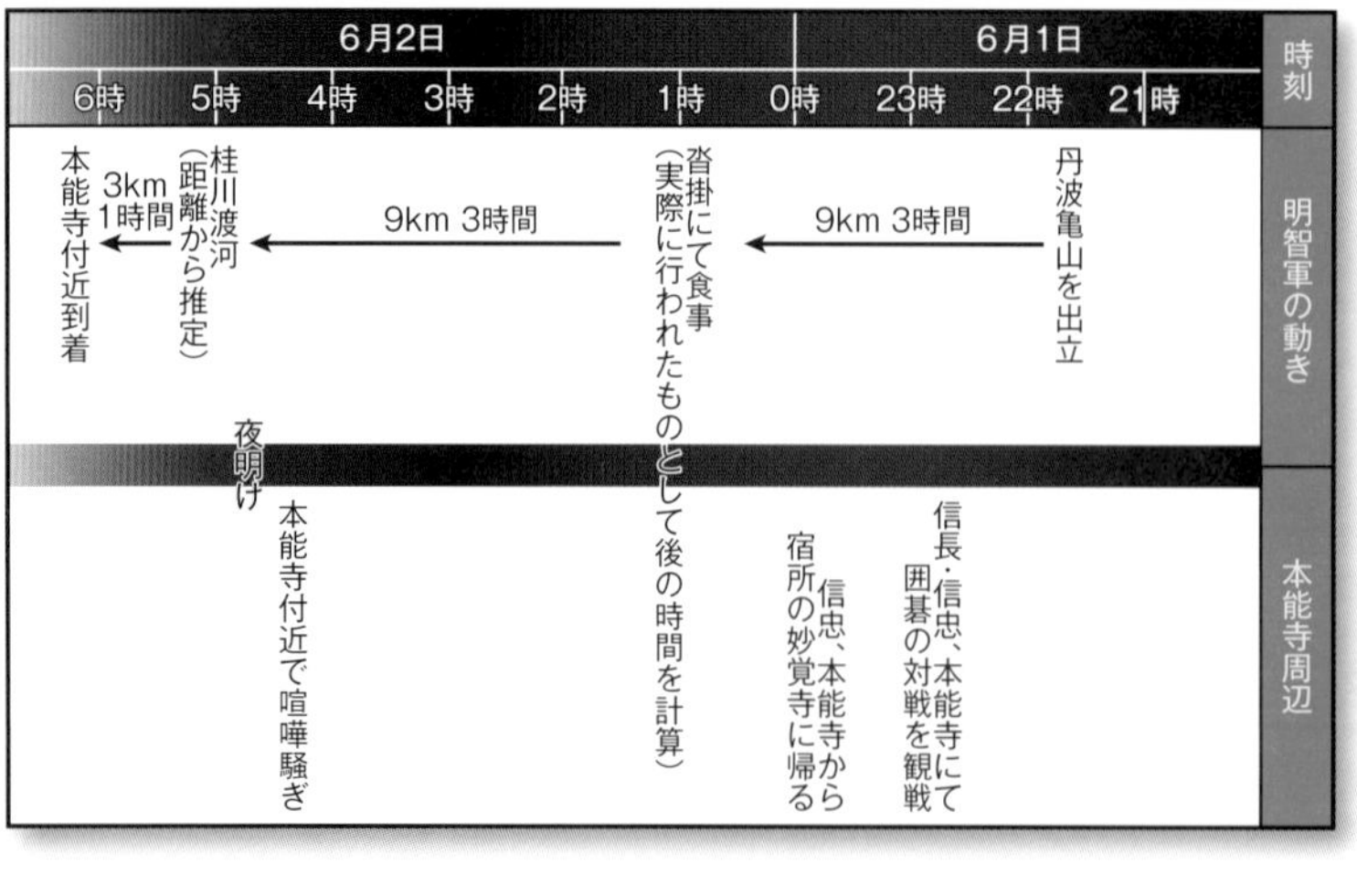

妙覚寺の信忠に「時間がありすぎる」ことになるからだ。村井貞勝が信忠のもとに注進したのが午前5時30分としよう（この場合、貞勝は本能寺の変を1時間見ていたことになる）。信忠は、午前6時頃に異変を知ったはずだ。この時間、光秀はようやく本能寺近辺に達したと考えられる。仮に1時間状況把握に努めたとして、軍勢を二条御新造に向けたのが午前7時頃。信忠には、1時間から1時間半ほどの時間があったはずで、それだけの時間があれば、十分に逃げられた。

では、第三章で可能性を論じたように、二条御新造についても、少人数の特殊部隊による「暗殺」行為なのだろうか。本能寺を襲撃した特殊部隊が、間髪入れずに二条御新造を襲撃して、信忠も討ち取って遺体を運び出したのではないだろうか。

しかし、この推論にはやや無理がある。

二条御新造の場合、数十名におよぶ武士が死亡している点を考えると、それなりの規模の戦闘が行われたことは事実だろう。だとすると、いったい誰と誰が戦ったのだろうか。

誠仁親王と織田家

妙覚寺と二条御新造の戦いの中で、特異な位置を占めているのが、本来の二条御新造の主、誠仁親王だ。

この戦いにおいては、誰と誰が敵対していたのかが大きな鍵を握る。特に、誠仁親王が織田家をどう見ていたのかは重要だ。

誠仁親王は正親町天皇の皇太子であり、正親町天皇自身はそろそろ譲位を考えていた。天皇に即位してからある程度の時間が経った後に譲位して上皇となることは、当時としては普通の行為であり、もちろん左遷を意味するものではない。ただ、譲位するということは新しい天皇が即位することを意味し、それには莫大なコストがかかる。

朝廷は、それを信長に負担させようとしており、信長自身もまんざらではない意向を示したので、両者の関係は良好だったと言っていいだろう。

ただし、信長はこれに条件を付けていた。

誠仁親王には、勧修寺《かじゅうじ》晴豊《はれとよ》の姉晴子《はるこ》が嫁いでいる。

信長はその子に狙いを定めた。

その子、つまり次の次の天皇（後、実際に即位し後陽成天皇となった）の妃として、自らの娘を嫁がせようとしていた。

そうなれば織田家は、天皇家と外戚関係をもつということになる。どこかで聞いたような話だ。そう、平清盛を頂点とする平氏による政権だ。しかも、信長自身は以前から「平氏」を名乗ってはばからない。

朝廷が一枚岩だとは言わないが、このことは朝廷にとってあまり面白くはない。特に誠仁親王にとっては信長・信忠父子にガッチリと管理された単なる息子への引継ぎ役になりかねない。

誰と誰が戦ったのか

もう一人、妙覚寺・二条御新造の戦いに深く関わった人物がいる。前京都所司代の村井貞勝だ。

村井と言えば、京都所司代を長く務めたため朝廷とも深いつながりを持っている、いわば織田家と朝廷のパイプ役を担う人物だ。

この村井が果たして信長ほどに信忠に忠誠を尽くす気があったかというと、場合によっては天秤にかけざるを得なかった可能性がある。しかも、家督は息子に譲ったとしても、京都所司代直轄の兵力1000を率いている。

なぜ、村井は信忠に、皇太子たる誠仁親王がおわす二条御新造に移れ、などと言ったのだろうか。

村井と誠仁親王が同心していたのだとすると、これまでとは全く異なるストーリーが考えられる。すなわち、本能寺で信長が討たれたという一報に接した誠仁親王が、この機に信忠の暗殺を画したとすればどうだろう。それに村井が同心した。

それはさすがに大それた推測だろうと言うのであれば、こういうことも考えられる。

信忠が二条御新造に移ったということは、誠仁親王は信忠の人質になったのと同じことになる。

それに対して「おそれ多いことなので、ただちにこの場を退去いただくべき」だとする村井と、人質として確保しておけば有利だという信忠との間で、抜き差しならない対立が発生したのではないか。そして、二条御新造内で武力衝突してしまったとも考えられるのではないだろうか。

つまり、妙覚寺と二条御新造において戦ったのは、信忠直轄軍と村井配下の京都所司代軍。時刻は午前6~7時頃。結果として、村井父子が討ち死にしたとしても、これなら不思議はない。さらに、信忠の遺体が発見されなかったとしても、十分に隠す時間もあったと思われるし、火災が発生して焼けて灰になってしまったとしても不思議ではない。

そして、その争いから親王を救い出したのがほかならぬ光秀だったとしたらどうだろう。

後に光秀が公家の勧修寺晴豊に向かって「(誠仁親王が)ご無事に内裏にお移りになられ恐悦至極に存じます」という発言をしたという記録とも矛盾しない。

光秀の動き

本能寺と妙覚寺で発生した事件は、次のような経緯が推定される。

まず、光秀軍の京への到着は、都合よくいったとしても夜が明けてから。

村井貞勝の証言や南蛮寺の証言によって、「喧嘩のような騒ぎ」は、南蛮寺でミサの準備をしている時間帯に発生している。

これは、明らかに光秀軍の到着前であり、軍勢の動きなどとは違う、小規模な騒ぎだったことがうかがえる。

この時点で、フロイスの『日本史』にあるような「特殊な任務を帯びた者」がすでに本能寺内に潜入、信長の寝所を襲って殺害に至ったのではないかという疑惑が出てくる。

「特殊な任務を帯びた者」は直ちに信長の寝所に忍び込んで暗殺。首を持ち去った。

この時、本能寺の周囲に水色桔梗の旗印(明智の旗印)を散在させておいた可能性もある。

引き際に寝所に火をつけ、逃亡。やがて御殿全体に火の手がまわり、炎上中のところに、光秀が自軍の一部を率いて到着した（ここまでの流れで、光秀が全軍を桂川渡河させねばならない理由が見当たらないから「一部」と判断）。

光秀は、呆然としただろう。

共に軍勢を整えて中国に出陣しようとしていたのか、あるいは出陣前に馬揃えをやろうとしたのかはともかく、わざわざ京へ寄れと命じておいて、来てみたら本人の宿舎が炎上しているのだ。しかも、（ひょっとしたら）周囲に自分の旗印が散在していたかもしれない。

光秀は、事の成り行きに呆然としている場合ではなかった。

そもそもこの時点での織田家の当主は既に（形式上にせよ）信長ではなく、嫡男の信忠であった。

その指揮官の指揮に従おうと、宿所の妙覚寺に向かうのが当然の行動だ。

一方の信忠だが、『惟任退治記』『信長公記』共に、村井貞勝の一報で事件を知ったとなっている。

本能寺から妙覚寺までは約720m。

ある程度事の成り行きを見定めてから通報に走ったと思われるので、仮に夜明けから1時間様子を見ていたと仮定するなら、スタートは早くても午前5時30分前後。

事件が妙覚寺の織田信忠に伝わったのは、村井がいくら唖然としていたとしても、午前6時よりは前になる。


光秀が妙覚寺に到着してみると、その隣の二条御新造で戦闘が行われていた。

この時光秀には、信忠が二条御新造にいるという情報は知り得る機会がない。二条御新造とはあくまでも誠仁親王の御所だ。

この場合真っ先に光秀が考えたこととは、やはり親王の救出以外考えられない。

戦場で村井貞勝を見つけた（どちらが見つけたのかはともかく…）光秀は、何をおいても親王の脱出を手助けしたと思われ、村井の協力のもと、親王を脱出させる。

誰と誰がなぜ戦っているのかは二の次だ。

やがて、誠仁親王が外に出てきて、たまたま近くにいた（？）連歌師の里村紹巴が用意した荷車に乗って内裏へと避難していった。

親王が退出した後、光秀が預かり知らない戦が若干続いたと思われるが、やがて収束を迎えた。この時、二条御新造は炎上していたと思われる。

事の成り行きをなすすべもなく、また理解もできずに見届けた光秀にとっての次の行動とは何か。織田家の最高司令官と次期最高司令官がおそらく同時に死んでしまった。

まさか、何もなかったかのように当初の予定どおり中国に出立するという選択肢はない。引き連れている軍勢の収容先も確保せねばならない。この場合の選択肢は、京を通過して丹波亀山と並ぶ光秀の根拠地、近江坂本に向かうことだ。

ココまでのまとめ

本能寺の変 第二幕の終わり

村井貞勝が妙覚寺に駆け込むところから始まるのが、第二幕「二条御新造の変」だ。既に家督を譲られて織田家棟梁となっていた信長の長男、信忠が討ち死にする一連の顛末である。

本能寺の変というと信長が炎の中で敦盛を謡った後に自害するところでおしまいと思われる諸兄も多いのではないだろうか。しかし、「本能寺の変」とは、本能寺における信長の死と、この第二幕での二条御新造における信忠の死が同日に起こった、いわば連続する「父子殺し事件」なのである。

この第二幕に関しての大きな疑問は二つある。

一つ目は、「逃げられたのに、なぜ信忠は逃げなかったのか」という疑問である。

光秀は本能寺を攻めた後、思い出したように二条御新造の信忠を攻めている。信忠には逃げる時間的余裕があった。事実、織田有楽斎など少なくない武将が楽々逃げおおせている。

「自分の意志によって逃げなかった」「最初から自害するつもりだった」というのが通説である。しかし、信忠は織田家棟梁であり、当時の常識では「棟梁が生き続けること」は必須である。桶狭間で今川義元が討ち取られても、既に家督を息子氏真に譲っていたが故に、今川家は直ちに滅びることはなかった(江戸幕府旗本高家次席として明治まで存続)。付き従った家老衆が逃げずに戦い、自刃することを容認したとも思えない。

二つ目の疑問は、既にお読みいただいておわかりのように、この父子の死に方が非常に酷似していることである。ともに紅蓮の炎の中で自刃し首も見つかっていない。光秀が犯人とすると、信長と信忠がともに死したことを広く知らしめるためには、首級を挙げることが不可欠だったが、優秀な武将光秀が二度も大失態を繰り返したことになる。

第二幕「二条御新造の変」に関する記述は極めて少ない。歴史的遺物もほとんど残されていないため、どのようなことが現場で起こったのか、多くは推測の域を出ない。

しかし、第二幕は第一幕の続きである。第一幕の様相がこれまでの通説と異なるとすれば、当然のこと、第二幕の様相もこれまで信じられてきたこととは異なると考えても何ら不思議なことではない。我々が再審請求をする所以である。さて、ここから「三日天下」の終焉に向かう第三幕、そしてこの事件と並行して行われた家康による別幕の事件について見ていくことにしよう。

第五章

再審のための争点整理Ⅲ

本能寺の変～山崎の合戦

再審

争点7 本能寺を終えた後、光秀が本当にしていたこと

ここまで、天正10年（1582年）6月2日に京の本能寺と妙覚寺・二条御新造で起こった出来事を調べてきた。

次は、妙覚寺・二条御新造での戦闘が終わってから、6月13日の「山崎の合戦」に至るまでを検証してみよう。

落ち武者狩りと徳川家康

これまで調べてきたことを振り返ってみると、光秀と信長・信忠（特に信忠）については、光秀側から積極的に敵対する必然性を認めない。

光秀は、単に応戦しただけだとするなら、様々な史料・物語が語るような光秀軍による織田家残党の「落ち武者狩り」は発生しようがないことになる。そもそも光秀にとって「敵」が存在しないからである。このことは、その後に起こる別の事件に影響を及ぼす（争点8）。

瀬田に寄ったら帰れない坂本城

さて、本能寺・妙覚寺（二条御新造）が一段落した光秀は、どのような行動をとったのか。

とりあえず、まずは安土に向かおうとしたという。

その理由としては、次の三つの場合が考えられる。

①織田家の拠点である安土城をおさえることで、織田政権の終焉を世に知らしめるため。

②京には自分にどうすればよいかを命じる人物がいなくなってしまったので、取りあえず織田家の本拠地である安土に向かい、そこで何らかの指示を待つため。

③『兼見卿記』の別本にある「何らかの人間が逃走した経路が瀬田の唐橋に向かっていた」ため、その後を追いかけた。

結果としては、途中まで行ったものの、瀬田の唐橋が落とされていたため、仕方なく坂本へと向かった（焼かれていたとの説もある）。

では、その坂本への出発時刻と到着時刻について調べてみよう。いくつかの記録がある。

■二条御新造からの出発時刻

ルイス・フロイス『日本史』　午前8～9時

高柳光寿『明智光秀』　巳の刻（午前8～10時）

■坂本への到着時刻

『惟任退治記』　午の刻（午前11時～午後1時）

高柳『明智光秀』　夕刻

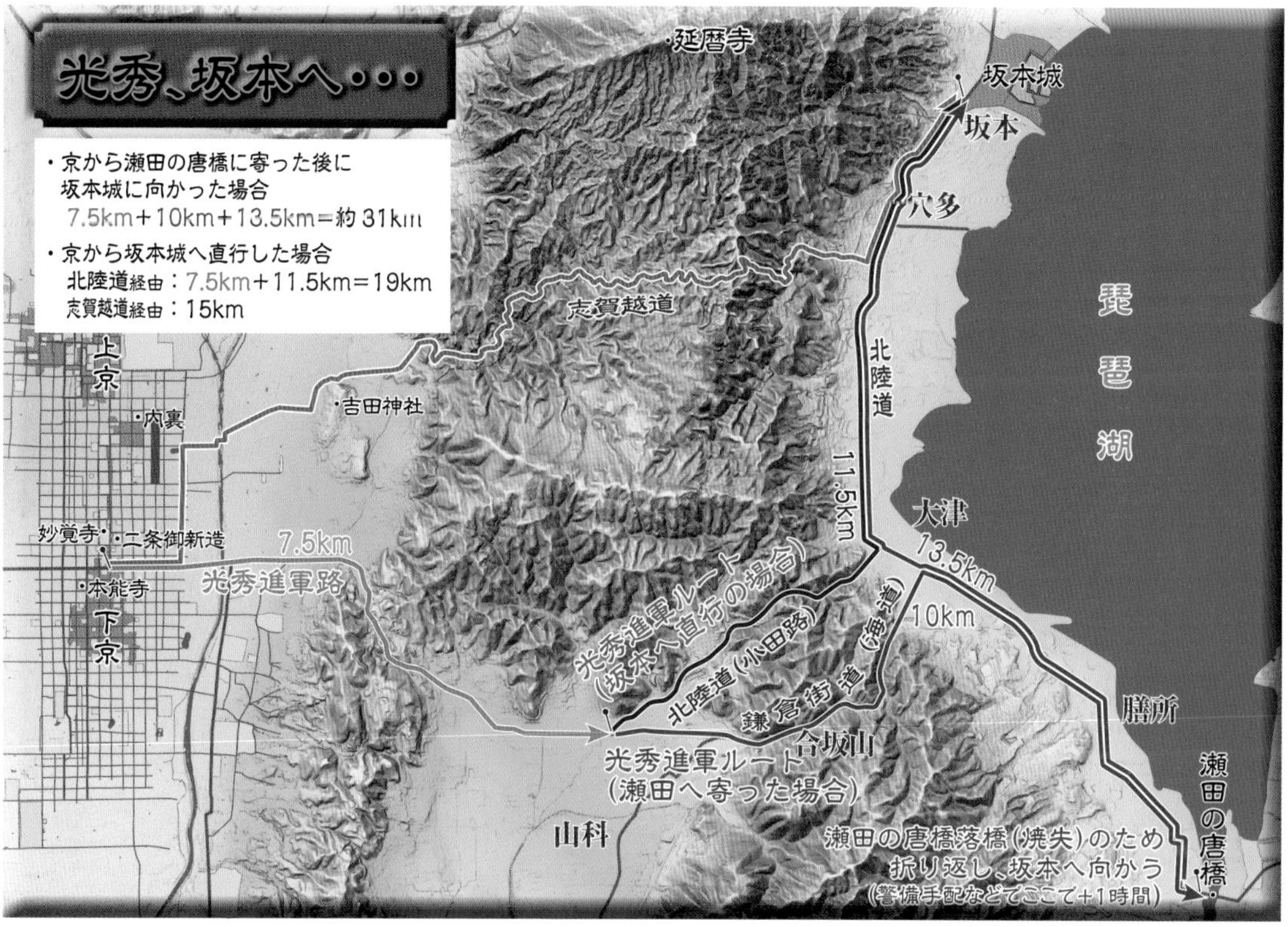

ここでは、出発時刻は午前9時に設定しよう。

次は、移動距離と所要時間。

■鎌倉街道（海道）を通って瀬田に立ち寄った場合

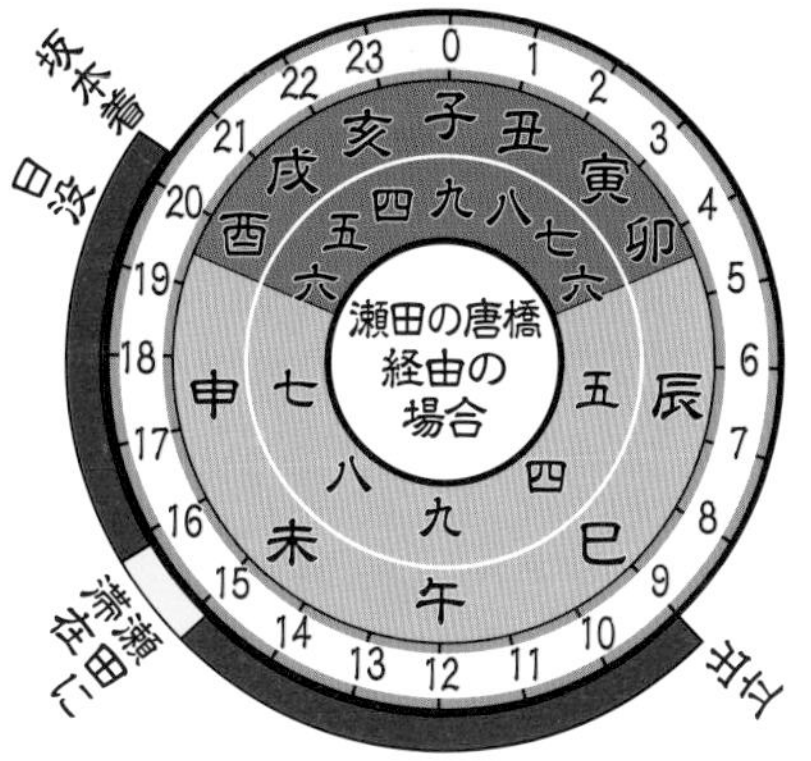

一条御新造から瀬田の唐橋までは、約17・5㎞。人間の普通歩行速度平均値、時速4㎞の75％の時速3㎞で歩けたとして計算してみよう。そうすると、約5時間50分。

瀬田の唐橋から坂本までは、13・5㎞。

これに要する時間は、約4時間30分。瀬田での状況見聞と警備手配に1時間を要したとすると、全行程では11時間20分。

右の時計でわかるとおり、坂本への到着は午後8時20分頃になる。さらに1時間程度の休憩をとったと仮定するなら、9時20分頃となり、『惟任退治記』にいうところの午の刻には到底間に合わないし、高柳氏の「夕刻」というよりは「夜」。

京から坂本に至ろうとする場合、2通りの道が考えられる。一つは、整備された北陸道を進む。今一つは、山越えになるが、志賀越道《しがごえみち》という、吉田神社の近くから比叡山を越えていく道。

■北陸道を通って坂本に直行した場合

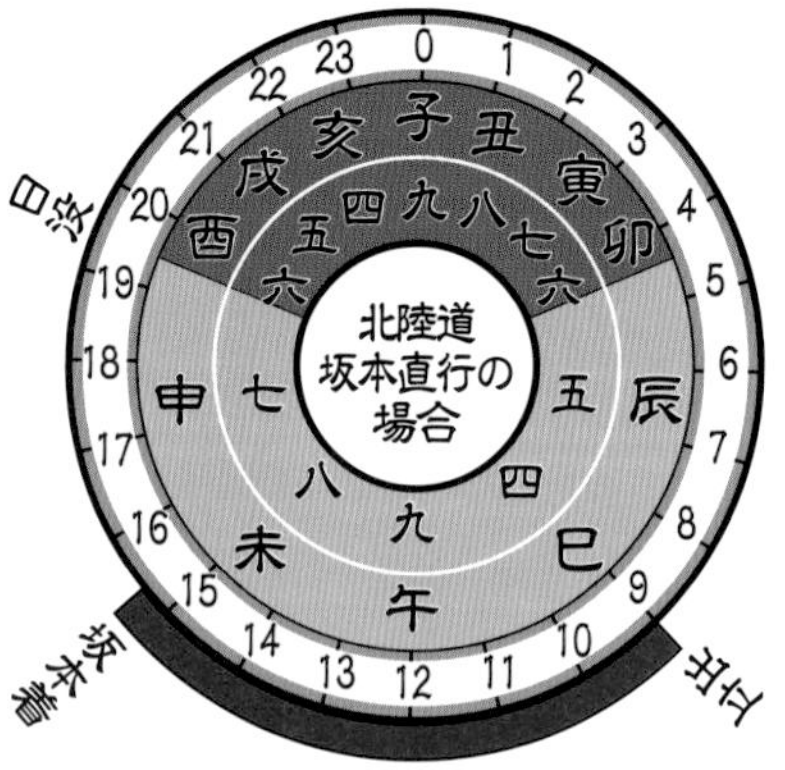

総距離は19㎞となり、所要時間は6時間20分。坂本への到着時刻は午後3時20分。

『惟任退治記』がいう午の刻はどう考えても無理だとして、どこかで1時間休憩をとったとすると到着時刻は午後4時20分となり、夕刻到着と言える。

■志賀越道を通って坂本に直行した場合

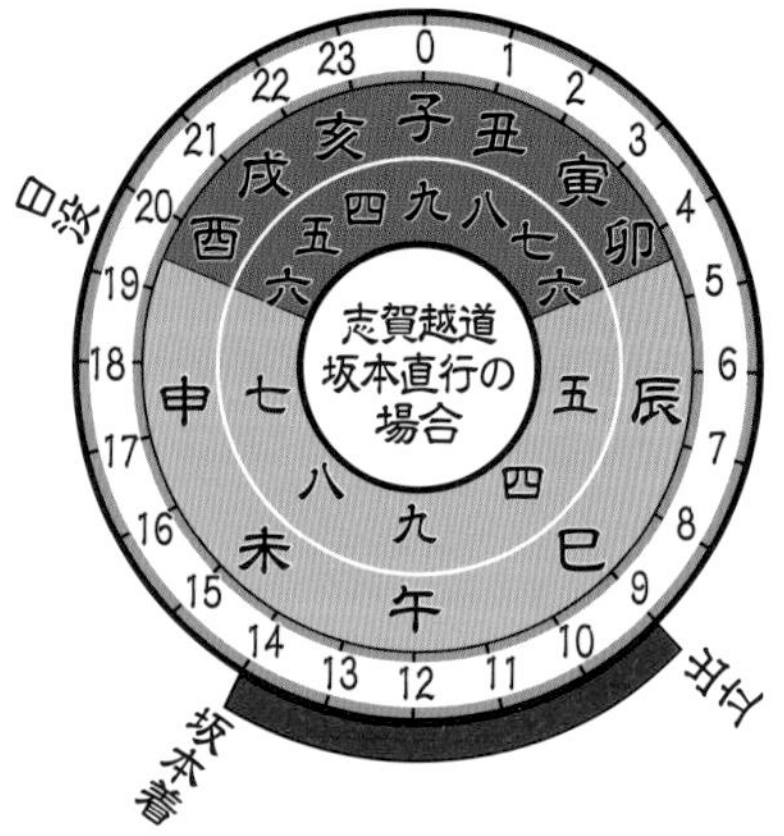

総距離は、15㎞。所要時間は5時間。すると、坂本への到着時刻は午後2時。1時間休憩をとったとして午後3時。これも午の刻は無理だし、夕刻と呼べる時間にしては、少々早すぎる時間。

つまり、瀬田の唐橋に寄っていると、夕刻までに坂本には到着できないのである。

そして、もう一つ別の推理もできる。

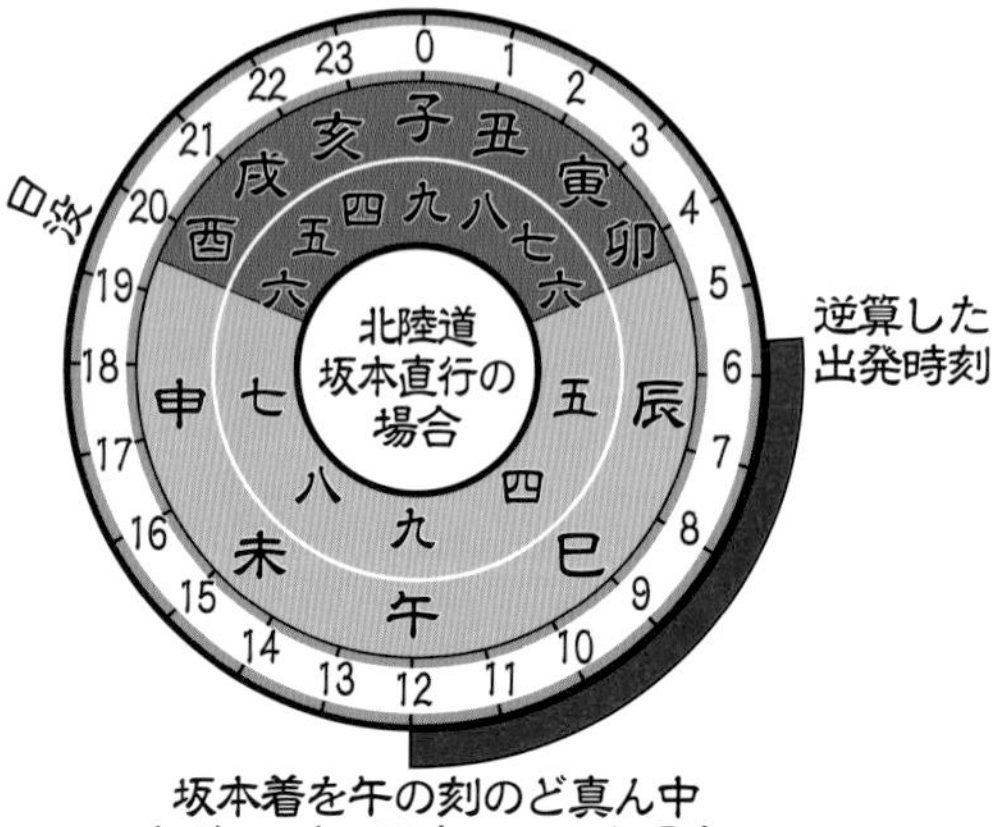

坂本着を午の刻のど真ん中
午後0時に固定してみた場合

午前9時に京の二条御新造付近を出立したとすると、どう考えても午の刻（午前11時〜午後1時）に到着することは困難だ。

逆に、午前11時〜午後1時に坂本に到着しようとするなら、京を何時に出ればいいのだろう。瀬田には寄らなかったものとし、より時間がかかる北陸道経由で計算すると、午前5時40分前後となる。

この時間帯と言えば、本能寺の変の真っ直中。

そうなると、前章までで推理した仮説が何となく浮かんでくる。つまり、光秀が本能寺の変に関わっていない場合で、本能寺の現場を見て唖然とし、妙覚寺に向かったものの、そこでも既に信忠と村井の間で戦いが始まっていた。それを見た光秀は、軍を率いてそのまま坂本に戻った場合。それならぎりぎりかもしれないが、午の刻のうちに坂本に到着することが可能ではないだろうか。また、それならば、たとえ瀬田の唐橋に寄ったとしても、夕刻までになら坂本に到着することが可能だ。

推理は膨らんでいくが、要は「9時出発なら、瀬田の唐橋に寄ってから夕刻までに坂本に到着するのは困難」ということ。

蒲生退去後の安土城の財宝

光秀は6月5日、瀬田の唐橋が修理されるのを受けて安土城へ向かった。

安土城の留守居役は、同じ近江で安土城の南東に位置する日野城主の蒲生賢秀《がもうかたひで》。

本能寺の変勃発の報は、午前中には安土城に伝わり始めていた。夜になって賢秀は嫡男氏郷《うじさと》を日野から呼び寄せ、牛馬・人足なども集めさせ、安土城に残る人々を日野城へと避難させた（『信長公記』）。

しかも『信長公記』には、更に「**蒲生左兵衛大輔《さひょうえのたいふ》、希代無欲の存分あり。信長公、年来御心を尽くされ、金銀を鏤《ちりば》め、天下無双の御屋形造り、蒲生覚悟として、焼き払い、空 赤土となすべき事、冥加なき次第なり。其の上、金銀・御名物乱取り致すべき事、都鄙《とひ》の嘲弄《ちょうろう》、如何が候なり**」とある。同様の記載が後年、蒲生氏郷について書かれた『氏郷記』にもあり、要するに「信長の集めた金銀財宝をかっぱらうなど、世間の笑いものになるようなことはしない」ということなのだが、なんでわざわざこんなことを書いたのだろう。

この後、蒲生賢秀の嫡男氏郷は終始羽柴秀吉に味方し、豊臣政権下で会津91万石の大大名になる。

多少は残しただろうが、やはり「蒲生さん！持ってっちゃったんじゃないの？」と疑われても仕方がない。今の検察特捜部なら「その金が後の政権に流れたんじゃないのか！」と追及されるだろう。

近江の各城をおさえたのはなぜ？

安土城に乗り込んだ光秀は、同日、配下に命じて秀吉の長浜城を含めた近江の主要な城を占領している。

これを「攻め取った」とする史料や学者もいるが、実際は全て無血入城だったと思われる。近江に城を持つ信長配下の有力者たちは皆、地方の戦線に散ってしまっており、いずれの城も少数の留守居しかいなかったと思われるからだ。事実、戦闘が発生したという記録もない。

では、なぜ光秀は近江の各城を占拠したのだろうか。

本能寺の変を光秀がやったにせよ第三者がやったにせよ、畿内にポツンと残された織田家のまとまった軍勢は、摂津・堺に待機中の神戸信孝指揮の四国遠征軍と光秀の軍だけ。

神戸軍については、6月2日に四国に渡る予定だったので、光秀から見れば、既に四国に渡ってしまっていると思っていたはずだ。そうなると、近畿には光秀軍しかいない。

その時にやっておかねばならないことは、畿内の治安を維持することであり、もし光秀以外の第三者が本能寺を襲撃したのであれば、その勢力からの攻撃に備えることだ。

その意味で、繰り返しになるが、光秀がやっていようがやっていまいが、近江の城をおさえるのは常道といえよう。

朝廷から勅使がやってきた

そうこうしているうちに6月7日申の刻（午後4～6時）、何と安土城にいる光秀のもとに、誠仁親王の勅使として吉田兼見がやって来た。

「京の治安維持を頼む」という内容だったと言われているが、これは、朝廷が正式に光秀に「頼んだ」あるいは「命じた」ものとなる。しかも、二条御新造を巡って因縁浅からぬ誠仁親王からの勅使だ。

自分の命が危なくなるような目に遭わせた張本人の光秀に、帝《みかど》も暮らす京の治安を任せるようなことがあり得るだろうか。

勅使まで派遣してお願いしているのだ。

しかも光秀は吉田兼見との雑談で、例の「親王がご無事でよかった」というような発言をしている。

この一点をもってすると、光秀は6月2日の事件の当事者ではなかったと思えてくる。事情を知らない人が聞いたら、十中八九、そう思うだろう。そうでなければ、さすがの朝廷も、光秀に頼むようなことはしなかっただろう。

しかし、そうだとしても、なぜよりによって光秀だったのだろうか。ほかに候補はいなかったのだろうか。

事変に関係なく兵力をもっているという点では、比較的近いところで言うと、摂津に神戸信孝がいる。神戸と名乗ってはいるが、れっきとした信長の三男で、24歳の若者だ。これまでは遊軍的な役割しか与えられていなかったが、晴れて今回四国遠征軍の総指揮官に任命され、念のため副将も付いている。

……やはり、頼りない。

京の治安を維持するということは軍事的に制圧するだけでは駄目で、行政を円滑に運営しなければすぐに破綻する。

その点では、光秀ほどうってつけの人物は周囲にはいなかっただろう。何せ、元幕府の京都奉行だ。

光秀、京に金をばらまく？

光秀は勅使がやってきた翌日の6月8日に安土から坂本に戻り、9日に上洛。公家衆の出迎えを受けて京へと入った。

そして、朝廷や公家たちに勅使御礼として銀を配ったとされ、それが安土城にあった信長の財宝だろうという見方がある。

カネの出所がどうであれ、このカネを配るという行為そのものは、特に不思議なことではない。

特に、大名が上洛した時、勅使を賜るなどといった特別なことがあった時には慣例として朝廷・寺社・その他有力者に金を配る。寄進に近い行為だった。

配ったのは「銀」。銀は、「銀※枚」という数え方をする。

1569年に織田信長が定めた通貨に関する定めでは、金1両＝銀7・5両＝銭1500文＝1石。銀1枚は銀10両。金1両はおおむね現在の10～15万円。面倒なので仮に10万円だとすると、銀1枚は、次のようになる。

金1両（10万円）÷銀7・5両×銀10両＝銀1枚

この式で銀1枚を計算すると、13万3333円。

面倒なので、銀1枚15万円だとして、配った金額をざっと見てみると…。

まず、朝廷に500枚（7500万円。受け取った朝廷が各公家に分配）、京の五山（南禅寺※・天龍寺・相国寺・建仁寺・東福寺・万寿寺）と大徳寺に各100枚（1500万円×7）。吉田神社の吉田兼見に50枚（750万円）。ここまでで1億8750万円。

ちなみに光秀の所領の石高は、第三章で軍勢の数を試算した数値22万石（丹波のみ）を使うと、165億円。

特に安土城の財宝を失敬しなければならないほど困窮していたとは思えない。また、一大名の光秀でさえこれくらいの収入があったわけだから、天下人たる信長の居城の財宝は、そうとうな量だったと思われる。配った金額と比べると、やや少なすぎるような気がする。信長に失礼である。

多少は失敬したとしても、それは蒲生が持ち出した後に残っていた分ではないだろうか。

関白前久のどんちゃん騒ぎと逃亡

本能寺の変勃発から数日、京の公家たちはなぜか祝宴を繰り返したようだ。信長の娘婿の万里小路充房《までのこうじあつふさ》(勧修寺晴豊《かじゅうじはれとよ》の実弟)以外、どこへ行っても酒宴になったようだ（『晴豊記』）。

こういうことをするから「朝廷黒幕説」などという疑いがかけられたりするのだろうが、そもそも公家という集団は自分たちに都合の良い人物が都合の良いことをしてくれているうちは必要以上に媚《こ》び諂《へつら》い、すこしでも対立軸が生まれてくると、すぐにきびすを返すように次の「保護者」を求める習性があるようだ。武力によっての天下統一を目前とした織田信長という人物に対して、漠然と不安と不満を持ち始めていたのだろう。

宴会については、特に、前関白近衛《かんぱくこのえ》前久《さきひさ》が派手だったようだ。

この前関白、少々変わった人のようで、天正10年の信長の甲州征伐の時も信長に同道したあげく、信長が東海道を富士を見つつ徳川領を視察しながら京へ戻ろうとした時、「おまえなんか、中山道を帰れ！」と言われて放り出された経験がある。

また、「信長が無位無冠なのは問題だ」ということで、朝廷と村井貞勝が話し合っていくつかの官位官職を信長に提示して選んでもらおうという「三職推任《さんしょくすいにん》」において、気を利かして就任したばかりの太政大臣《だじょうだいじん》を敢えて辞任し、信長に譲ろうとしたものの、信長に無視されたという苦い経験もある。「これぞ忖度の極み」であり、公家の処世術なのだろう。

光秀が本能寺を襲撃した時、隣接する近衛邸の塀や屋根の上から鉄砲を撃ちかけたという説もあり、その際に前久が自ら邸の門を開いて光秀の軍勢を招き入れたとも言われている（ただしこれは逸話の類で、本能寺に隣接する近衛邸というのも、その場所が特定できない）。

この前関白、後に羽柴秀吉が山崎の合戦で光秀を破ると忽然と京から姿を消し、なぜか三河の徳川家康のもとに身を隠した。

本能寺の変に関して、何か我々の知らない後ろめたいことがあったのだろうか。

※京の五山には、別格で南禅寺が加えられている。

淀城、3日間の修理

光秀は、備中にあるはずの羽柴秀吉が急遽戻りつつあることを知り、淀城《よどじょう》を修復したといわれている。

秀吉軍と光秀軍が山崎で戦端を開くのが6月13日。前述のとおり光秀が上洛したのが6月9日。

だとすると、淀城の修理に使えた時間は3日間程度。3日間で、どのような修理が可能なのだろうか。

この時の淀城とは、後に豊臣秀吉が側室淀殿《よどどの》のために立てた淀城（現在の京都競馬場）とは異なる。

摂津《せっつ》から迫ってくる敵には有効な砦だが、そう大きな城とはいえない。しかも、摂津方面からの敵は、こんなズブズブの湿地帯の数少ない道を整然と歩いては来ないだろう。おそらく、より行軍しやすい淀川の対岸を上ってくると思われる。

修理ではなく、掃除の間違いではなかったのか！

詳しくは後に譲るが、この地域は西日本から京を目指そうとすると必ずといって良いほど通る道で、淀城のやや南西で淀川の河川敷が狭くなっている地点がある。山崎《やまざき》と呼ばれるこの地は、歴史上の多くの決定的な戦いが行われた土地だ。

もし光秀が西から攻め込んでくる敵を迎え撃つ意味で淀城を整備しようとしたのなら、山崎の天王山《てんのうざん》をおさえてしまうのが常道だ（実際には山崎の合戦において、羽柴秀長《はしばひでなが》らにあっさりと占領されてしまう）。天王山をおさえて淀川を挟んだ両岸を固めるのであれば、それなりには有効だと言えようが、高地でもある天王山をおさえないのでは、あまり意味がない。

このことからしても、どうも光秀自身がこの時期、西から敵が攻め上ってくるとは考えていなかったのではないかと推測できる。つまり、織田家の他の武将たちを敵と見なしていなかったのではないだろうか。

再審　争点8　家康の行動は別ストーリー？

関係なかった「神君伊賀越え」

徳川家康はこの時堺におり、京へ向かう道中で茶屋四郎次郎によって事件を知ったという。そして、光秀による落ち武者狩りを避けるために無理を押して、いわゆる「伊賀越え」をして紀伊半島を横断し、命からがら岡崎へ逃げ帰ったという定説が、根本的におかしなこととなる。

光秀は家康にとって「敵」ではなくなってしまうからで、命を狙われる理由はないことになってしまう。

もっともこの家康の伊賀越えについては、定説どおりに事件が進捗したのだとしても、結果は同じだったかもしれない。

定説どおりだとしても家康は、光秀の「敵」とは言い難いのだ。なぜなら、光秀との直接的な利害関係がないからだ。

他の織田家家臣と違い、家康の立場は戦国時代によくある「同盟者」の一人に過ぎない。同盟相手の信長・信忠父子（信忠とも同盟していたとの認識を家康が持っていたかは疑問）が死んだ今、家康と光秀がそのまま敵対関係になるかというと、疑問だ。百歩譲っても中立関係であり、ひょっとしたら光秀側に味方してくれる可能性だって残されているのだ。

そうだとすると、「伊賀越え」の途中で進路を分かった穴山梅雪が何者かに殺害され、それが残党狩りの光秀軍だったのではないかという「定説」が怪しくなってくる。

第二章冒頭の「天正10年6月2日の織田家勢力図」という地図を見てほしい。

穴山梅雪の領土は、徳川家康の領土である駿河に隣接する甲《か》斐《い》河内《かわち》・駿河《するが》江尻《えじり》の両郡である。

家康は、無傷でこの両郡を手に入れたかったのではないだろうか。だとすると、梅雪の死は、家康にとって予定していたことで、本能寺の変があろうがなかろうが、梅雪が自領に帰り着くことはなかったのではなかろうか。

家康は後に梅雪の遺臣たちに「残念だった、守れずにすまなかった」と詫び、（遺臣たちの）「行く末は心配ない。徳川家で面倒をみる」と、とても恩着せがましいことを言いつつ、結局自らの家臣団に取り込んでしまったのである。

つまり、本能寺の変を知って慌てて行われた伊賀越えの逃避行という物語は、特に光秀にも信長にも、ましてや秀吉にも全く関係ない「余談」に過ぎないのである。そして、こういった話は、戦国時代にはよくある話である。

家康は本当に伊賀越えをしたのか？

おそらく本能寺の変とは関係ない「余談」に過ぎないと思われる家康の伊賀越えだが、そもそも、何で伊賀越えをしたのだろうか。自分には関係ないとはいえ、近くで騒動が起こったと知ったなら、まずは巻き込まれることを避けるためにできるだけ現場から離れるように行動するのが常道だろう。

家康に本能寺の変の一報をもたらしたのは、堺の商人茶屋四郎次郎《ちゃやしろうじろう》だと言われている。知らされた場所は平田住吉神社。

ここからなら、もちろん伊賀越えしても良いだろうが、堺に戻り、船を使うというのが一般的ではないか。何せ茶屋四郎次郎が同道しているのだ。堺に戻れば、それなりの大型船をチャーターすることは十分に可能だっただろう。当時、紀伊半島の沿岸を目視しながらの航路はあった。三河に戻るなら、比較的安全なルートで、陸地の争乱にも巻き込まれる心配もない。

海が荒れていたのか。それでも水軍を持たない光秀が相手であるなら、船に乗り込んでしまいさえすれば、討たれる危険はなくなる。

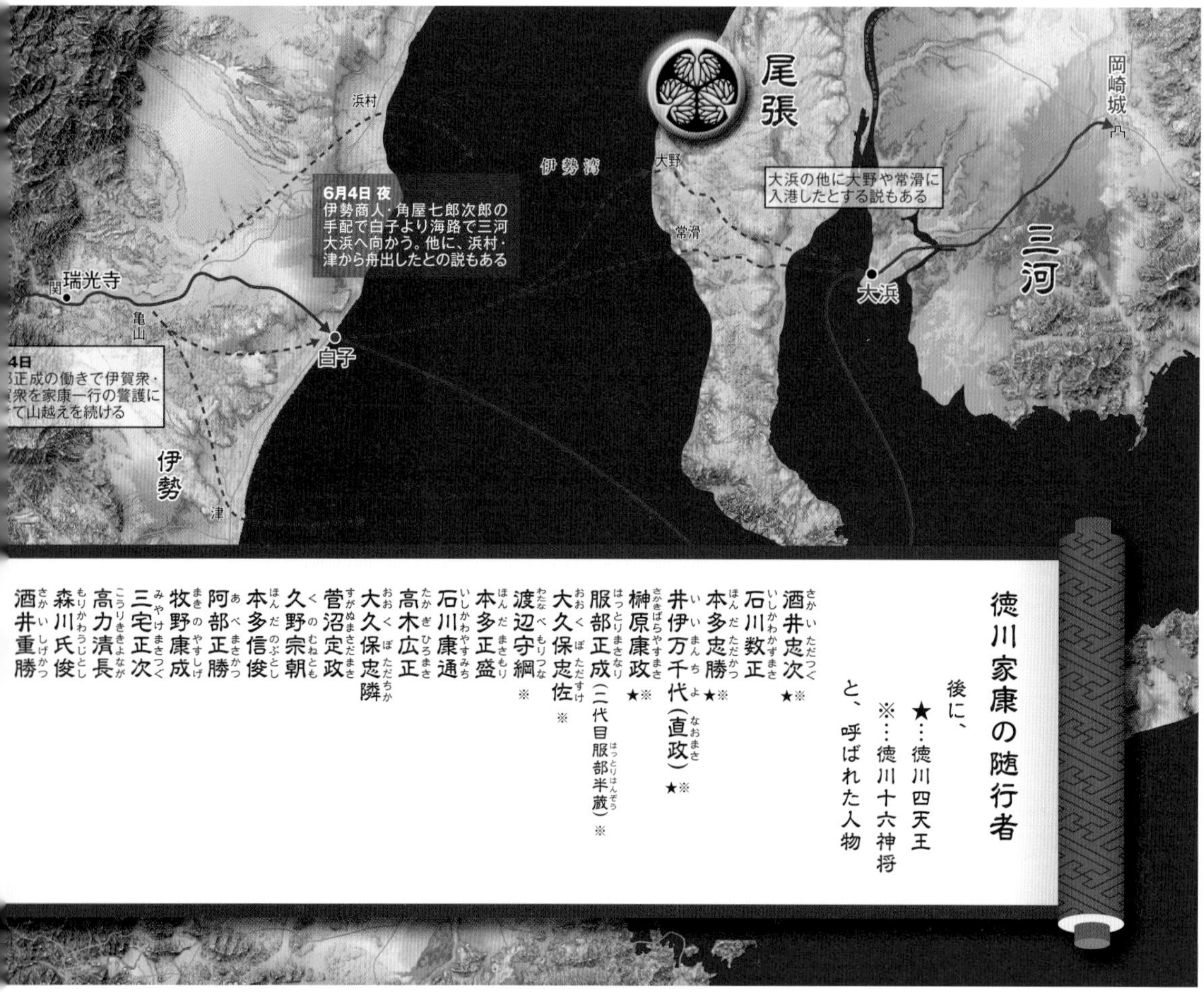

尾張
三河
岡崎城
伊勢湾
浜村
大野
常滑
大浜
大浜の他に大野や常滑に入港したとする説もある
6月4日 夜
伊勢商人・角屋七郎次郎の手配で白子より海路で三河大浜へ向かう。他に、浜村・津から舟出したとの説もある
関
瑞光寺
亀山
白子
4日
正成の働きで伊賀衆・
衆を家康一行の警護に
て山越えを続ける
伊勢
津

徳川家康の随行者

後に、
★…徳川四天王
※…徳川十六神将
と、呼ばれた人物

酒井忠次《さかいただつぐ》 ★※
石川数正《いしかわかずまさ》
本多忠勝《ほんだただかつ》 ★※
井伊万千代《いいまんちよ》（直政《なおまさ》） ★※
榊原康政《さかきばらやすまさ》 ★※
服部正成《はっとりまさなり》（二代目服部半蔵《はっとりはんぞう》） ※
大久保忠佐《おおくぼただすけ》 ※
渡辺守綱《わたなべもりつな》 ※
本多正盛《ほんだまさもり》
石川康通《いしかわやすみち》
高木広正《たかぎひろまさ》
大久保忠隣《おおくぼただちか》
菅沼定政《すがぬまさだまさ》
久野宗朝《くのむねとも》
本多信俊《ほんだのぶとし》
阿部正勝《あべまさかつ》
牧野康成《まきのやすしげ》
三宅正次《みやけまさつぐ》
高力清長《こうりききよなが》
森川氏俊《もりかわうじとし》
酒井重勝《さかいしげかつ》

では、既に光秀が堺をおさえていると思ったのか。

それはないだろう。茶屋四郎次郎から聞いた情報は、その日の早朝に事件が勃発したというものだっただろうから、時間的に光秀が堺まで軍勢を派遣して、既に占領してしまっているとは考えにくい状況だ。

だとすると、やはり伊賀越えについては別の意図を感じざるを得ない。

家康に、この機会に穴山梅雪を暗殺してしまいたいという魂胆は、おそらくあったと思って良いだろう。だとすると、確かに海難でたった一人だけいなくなるというのは、些か後で説明しにくかったのかもしれない。

ところで、伊賀越えは伝説的に語られてはいるが、冷静に考えてみると、光秀と家康の間に敵対関係がないことを前提とするなら、そう悪い選択肢でもない。確かに整備された街道をゆるゆると帰るというわけにはいかないだろうが、実際そうであったように、そこかしこに案内人がいて宿泊施設も整っているのであれば、安全だ。一揆の危険をいうひとがいるが、その危険をいうなら、どこを通っても大した違いはないし、それなりに人数も揃っているので、撃退可能だっただろう。

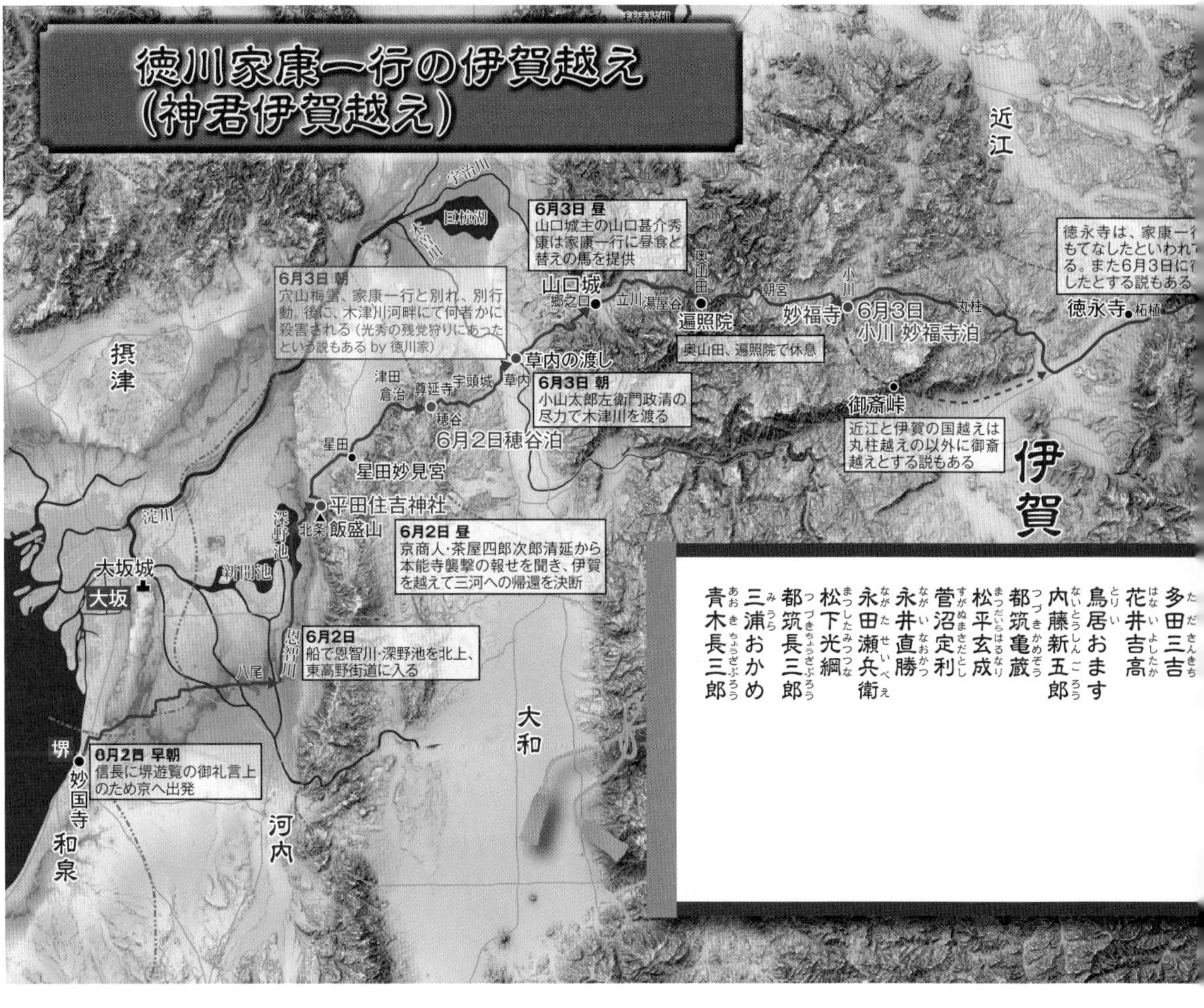

再審

争点9 備中高松城水攻めと中国大返し

ここで、話は京を離れよう。

本能寺の変を語る場合、そもそもの発端は、5月17日に中国にあった羽柴秀吉からの援軍要請だった。

その時、備中高松城を水攻めにしていたのだが、その様子を見てみよう。

水没しがちな高松城

その城は、現在の岡山県岡山市北区に位置する。いわゆる山城ではなく、平野の低湿地に築かれた平城。天正10年（1582年）の城主は、毛利氏家臣の清水宗治。

4月15日、高松城に接近した秀吉は、高松城が低湿地に囲まれて攻めにくく、また城内の将兵は鉄砲射撃にも長けていて容易に近づくことができなかったため、約3万の兵力で城を取り囲み、持久戦に持ち込むこととした。

籠城戦を決断した清水宗治の判断は正しかったと言えよう。

籠城戦とは、籠城しているうちに敵の背後に味方の援軍が到着し、城内の兵力と合わせて挟み撃ちにできる場合にはとても有効な戦い方だ。

その点、毛利の援軍の到着は確実視されていた。

清水宗治《しみずむねはる》

天文6年（1537年）生まれ、この時45歳。元、備中の戦国大名三村氏の家臣、石川久武に使えていたが、後に毛利家の家臣となる。毛利家に移ってからは、小早川隆景の重臣となり、高松城を任される。秀吉に攻められ、兵5000と共に籠城。

秀吉の方でも毛利の援軍が来るであろうことは容易に予測できるので、できるだけ消耗戦は避けたいところだ。

秀吉にとっての援軍到着時の理想的な形としては、高松城内の兵を外に出られないようにしておいた上で、できるだけ温存しておいた3万の兵力で敵の援軍を迎え撃つというもの。

そこで考えたのが、高松城そのものを水没させてしまおうという作戦。おおかた、秀吉の軍師黒田官兵衛（孝高）辺りの立案であろうか。

城の近くを流れる足守川《あしもりがわ》をせき止め、湛水湖を造ることで高松城を水没させる作戦で、築堤を造る土木工事を行い、完成したころにちょうど梅雨入りするだろうという予測の上に成り立っている。

5月8日、秀吉は土木工事を開始した。造る堤の大きさは、次頁の図のとおり。

底部24m、上部12m、高さ8mの堤を延々4kmにわたって築く。しかも、それを12日間で完成させたというのだ。

さらに、城の背後の山の中にも谷を塞ぐ堤を造り、山間部に降って中小河川に流れ込んだ水も無駄なく取り込むとともに、そこから溢水してしまうのを防ぐという念の入った工事だった。

その結果、足守川の水は城の周囲に湛水しはじめ、5月24日には梅雨に入って雨が続くようになり、次頁写真のように城は水没したのだった。

後世、この短期間の大土木工事が秀吉の真骨頂だともてはやされたわけだが、実のところ、そこまでの大突貫工事だったわけでもない。

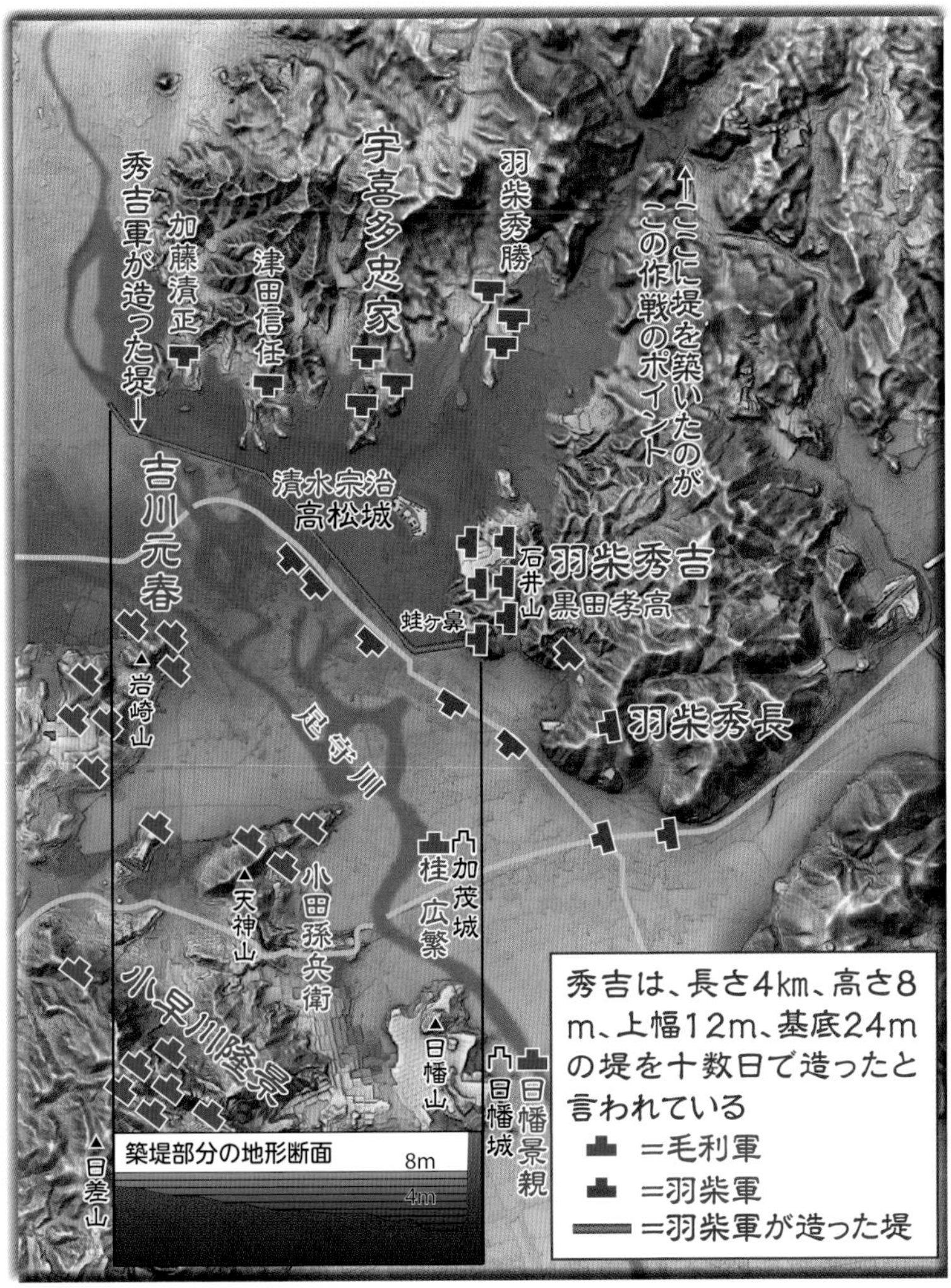

もちろん、ここに築堤すれば城が水没し、城の兵力と援軍の兵力を分断できると判断したところは、すばらしい着眼点だと言えよう。地形を見ただけでそこまで判断できる戦術眼があったのだとすれば、大したものだ。

しかし、秀吉が言うように高さ8mというこの規格で堤防全体を仕上げる必要はない。長さも、3km前後で十分だ。

上の地図は、築堤が成って高松城が水没した状態を表しているが、その築堤箇所の地形断面を見ると、足守川上流に向かってだんだんと標高が高くなっていく。しかも、この築堤部分は、日本のそこかしこの川で普通に見られる自然堤防の上だ。自然堤防とは、河川が土砂を運んで流れているうちに河川に沿って形成される微高地で、まさに自然にできた堤防。その上をうまく使って築堤しているのがわかる。よって、上流に行くにしたがって、築堤の高さは8mもいらなくなる。

そもそも高松城自体は平坦な土地に築かれており、築堤の高さの半分、4mの水位もあれば、十分に水没しただろう。

下の写真を見てほしい。これは、1985年6月24日に147㎜の豪雨の末に足守川が氾濫、高松城跡が水没した時の写真。わざわざ築堤しなくても、まとまった雨が降れば、結構頻繁に水

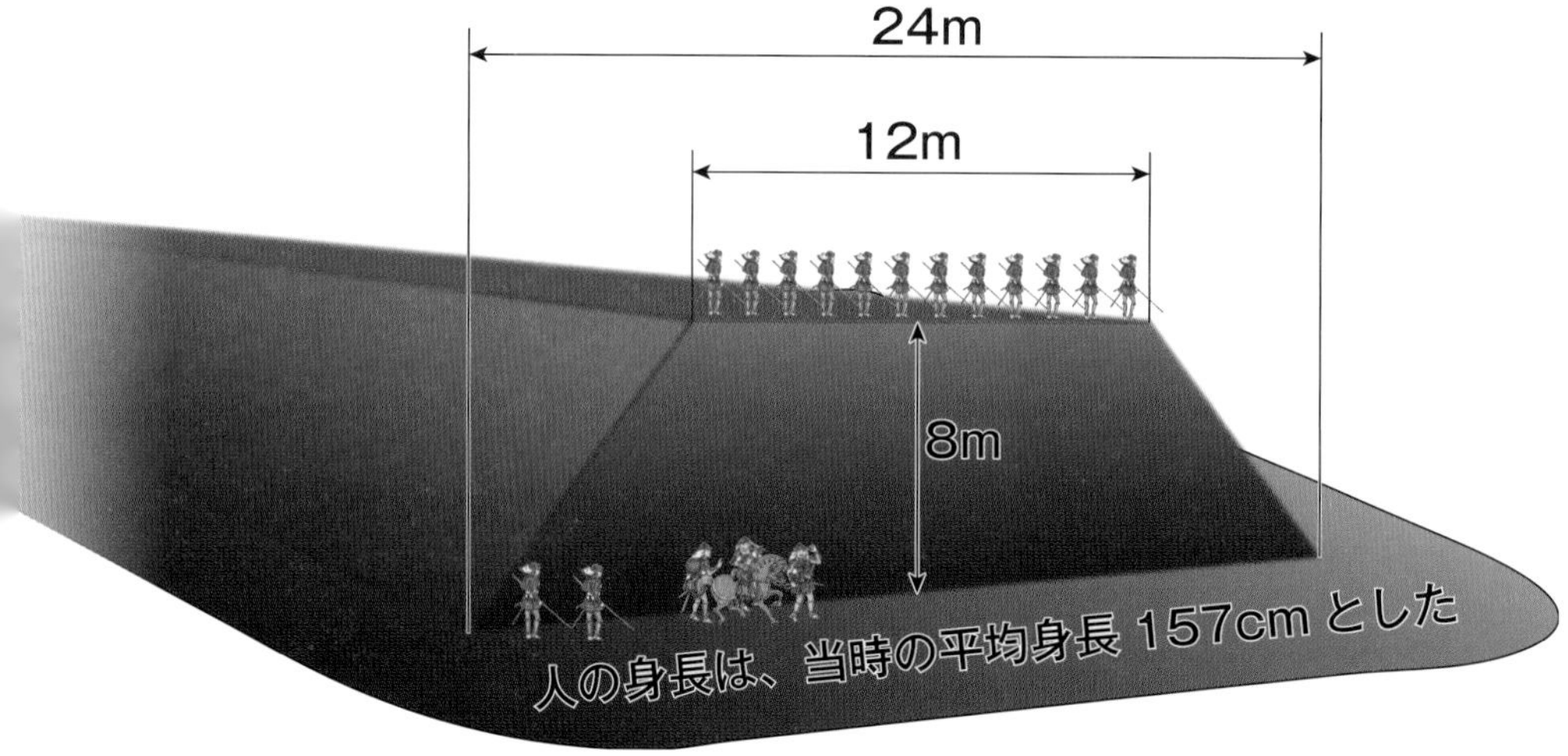

1985年6月24日、大雨の末に水没した高松城跡(写真:高松城址公園資料館蔵)

没していたのではないかと思えてくる。

秀吉が信長に手紙を書いた日

織田信長のもとに羽柴秀吉からの援軍要請が届いたのは、光秀が饗応役を務めた徳川家康・穴山梅雪接待の3日目にあたる5月17日。備中高松から安土まで、手紙が3日かかったとすると、秀吉が手紙を書いたのは5月15日。

この時、まだ毛利の援軍は着陣していなかったと思われる。

…と言うのは、5月21日になって、水没した高松城を目にした小早川隆景《こばやかわたかかげ》が、自軍の配置を変えているからだ。これは、予定の場所に着陣してみたところ、水没した高松城を目の当りにして急遽場所を変えたと見るべきで、そうであるなら、秀吉が手紙を書いた時には、まだ毛利の援軍は到着していなかったことになる。それなのに（戦の成り行きとして当然だとは言え）毛利の援軍が大軍で押し寄せてくるなどと、なぜこの段階で書けたのだろうか。

実際に到着した毛利援軍の兵力は、秀吉の手紙では5万、『惟任退治記』では8万と書かれているが、現実は1万前後が精一杯だったと思われる。なぜなら、この時毛利家は西で大内氏の圧迫を受けており、全軍を備中に差し向けることが困難だったからだ。毛利と対峙し続けている秀吉はそのあたりの毛利家の事情は百も承知だったろう。だとすると、秀吉はかなり脚色していることになる。しかし、なぜ現地に来ればすぐにバレるような脚色《うそ》を書いたのだろうか。

秀吉は高松城を包囲しつつ、毛利方の安國寺恵瓊《あんこくじえけい》と和睦交渉に入っている。しかもその内容は、結構具体的だ。

毛利方の要求は、「五国（備中・備後・美作《みまさか》・伯耆《ほうき》・出雲）割譲と高松城城兵の命の安全保障」。

これに対する秀吉側の要求は「五国割譲と城主清水宗治の切腹」。

この状態で信長に援軍を要請するというのは、いささか腑に落ちないし、そもそも勝手に和睦交渉などしていいものだろうか。

秀吉が事件を知った時

通信機器もなく飛行機もない時代、戦の勝敗を決める重要な要素は、敵の動向をいかにしてつかむかにある。武田信玄と上杉謙信が戦った川中島の合戦でも、霧という自然現象のおかげで敵の動きをつかみ損なった方が負けている。

川中島は武田対上杉の一対一の戦いと言ってもいいだろうが、天正10年ともなると、主力兵器に鉄砲も加わるなど兵器の発展もさることながら、1回の戦に動員される軍勢の数が万単位にふくれあがっている。また、単純な一対一の戦いではなく、それぞれの背後に繋がる利害関係までも含めて、調略も交えていくつかの動きを同時に行っていくのが当たり前の時代となっている。

そして、これらの戦《いくさ》の変化は、多岐にわたる情報というものの価値を飛躍的に高めることとなった。

そこで、高松城包囲に臨んでいる秀吉の場合を見てみよう。

秀吉 毛利対陣時の人間関係

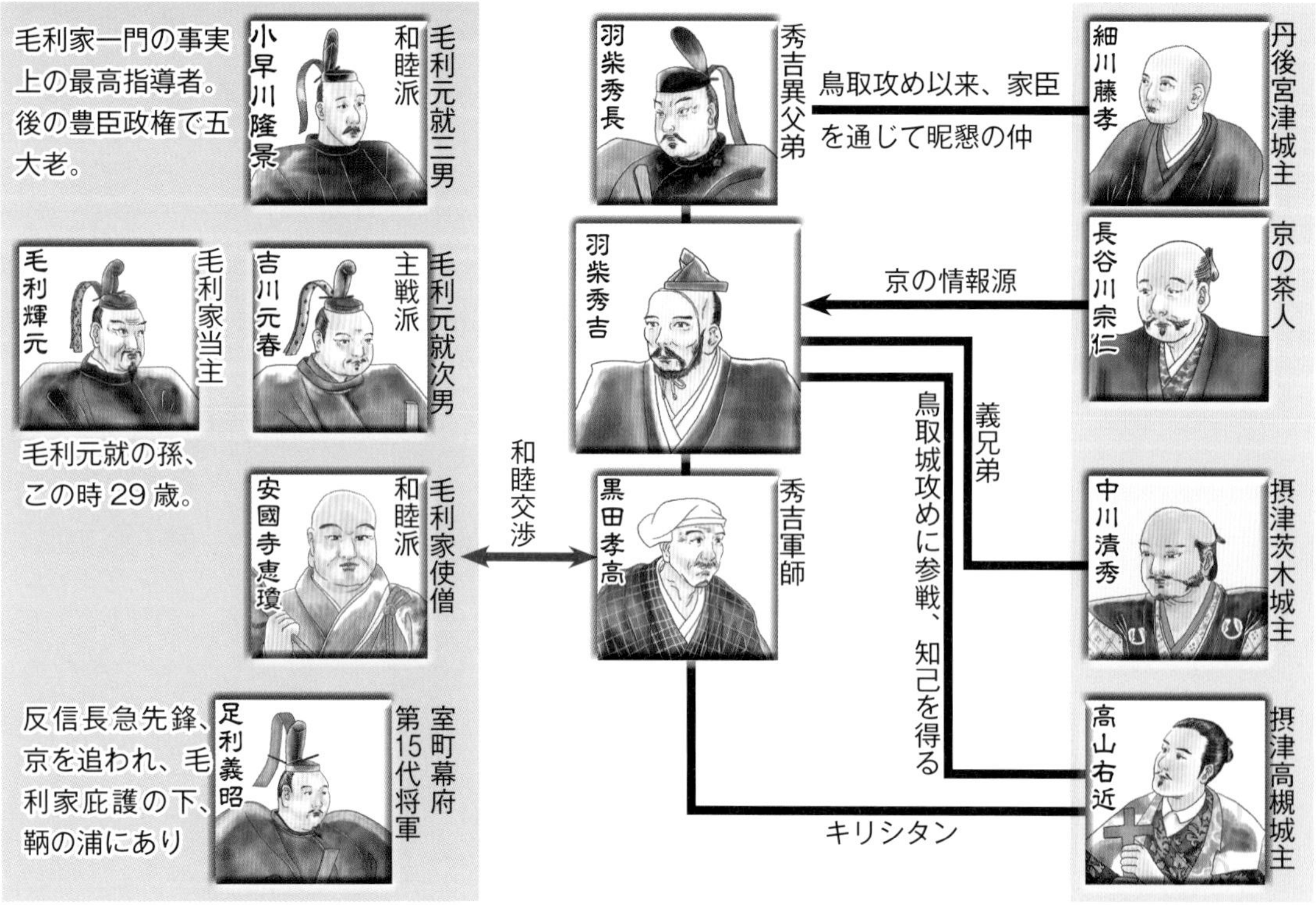

秀吉の対毛利関連人脈を上の図にまとめてみた。

地方に遠征中であっても、しっかりと中央（京）の情報が入る仕組みになっている。特に注目するのは、この2年前すなわち天正8年に行われた鳥取城攻めの時に援軍として参戦した武将たちと親密な関係を築いていることだ。明智光秀の盟友と言われる細川藤孝に対しても、弟の秀長を通じてパイプをつくることに成功している。高山右近に至っては、黒田孝高《くろだよしたか》とのキリシタン人脈も含めて羽交い締め。

対する毛利家の方をみてみると、元々秀吉と安國寺恵瓊は秀吉が京都で奉行職にあるころからの顔見知り。秀吉に会った恵瓊が「あれはひとかどの者だ」と毛利家に報告している。

当然、和睦派であり、親秀吉と言っていい。

その評価を聞いていた事実上の毛利家の総司令官である小早川隆景も、秀吉を悪くは思っていない。西の大内氏との緊張状態を考えると、さっさと戻りたいので、これも和睦派。

早い話、主戦派は吉川元春《きっかわもとはる》だけということになる。ただ、吉川元春は鷹派で知られており、いかなる場においても、まずは主戦派にまわる人物なので、主戦派であっても不思議はない。

ついでに言うと、毛利の領内鞆《とも》には室町幕府第15代将軍の足《あし》利義昭《かがよしあき》が将軍職のまま匿われていたが、この際この人の影響はほとんどないと考えていい。外野応援団に近く、プレイヤーとしてはそもそも戦力がない。

さて、このような緊迫しているのかいないのかよくわからない状況下で、本能寺の変の一報がもたらされたのであるが、小《お》瀬甫庵《ぜほあん》の『太閤記』にあるような「光秀から毛利への密使を捕縛した」というようなことはなかっただろう。

本能寺の変を京で実際に目撃した茶人の長谷川宗仁《はせがわそうにん》が直ちに秀吉宛に急使を発している。もともと秀吉の京における情報連絡係であった宗仁が、常時使っている情報ルートを用いて伝えたのだろう。24時間程度で秀吉のもとに情報が到達したと言われている。もちろん一人が駆けていくのでは無理で、伝馬などの仕組みがあったものと思われる（当時の武将たちにとっては当たり前の仕組み）。その結果、毛利家より約1日早く情報に接することができたのだと思われる。

秀吉・毛利の奇妙な和睦

6月3日午前、秀吉は京における異変の情報を得た。

そして、直ちに毛利との和睦を成立させたという。

この時点で毛利側は、本能寺の変の情報を得ていない。

和睦条件は、秀吉側が大幅に折れて「備中・美作・伯耆の三か国の割譲と宗治の切腹」となった。

6月4日（午前10時頃と伝わっている）、清水宗治切腹。

「それを見届けた秀吉は、直ちに京へとって帰す『中国大返し』を開始」したと言われてきたが、昨今の研究成果によると、どうもすぐには出立せず、実際に出立したのは6日だったというのが明らかになってきている。

6月4日夜、雑賀衆《さいかしゅう》から吉川元春の元に本能寺の変が伝わる。だとすると、6月5日は両軍共に何をしていたのだろうか。


吉川元春が「直ちに交戦」を主張したところ、小早川隆景が「和睦の誓紙を交わしているのでそれは駄目だ」と止めたとされているが、そうだろうか。秀吉との間で、何かほかに秘密協定のようなものがあったのかと疑いたくもなる。

がしかし、実際毛利は動けなかった。

6月5日に秀吉軍が何をやっていたかというと、撤退準備以外は考えられない。その中には、水没させた高松城の堤をタイミングを見計らって切るという作業も含まれていたはずだ。毛利軍は、和睦が成立しようがしまいが、依然として水没したままの高松城を前にして、なすすべがなくこの日も静観しているしかない（動けるならもっと早く動いていただろうが、それが無理で対陣となったのだから…）。

そもそも毛利家としても、織田信長は敵だと言っても、実際に軍勢を率いてきている秀吉がいなくなりさえすれば、取りあえず目の前から敵が消えてくれるわけで、安心して兵力を西（対大内氏）に向けることができる。早々に引き上げたいというのが本音だ。むしろ、和睦を反故にされて、撤退する背後から秀吉軍に追撃を喰うことこそ絶対に避けねばならない。よって、秀吉軍が高松城の堤を切って付近を水浸しにしてから撤退というのが常道だし、実際にそうなった。

秀吉が撤退にあたって堤を切ったのは6月6日。これで、毛利は秀吉を、秀吉は毛利を、互いに追撃できなくなった。

さて、この和睦、読者にはどう映るだろうか。両軍の切羽詰まった状況（背景）に基づいて行われた阿吽の合意とみるか、

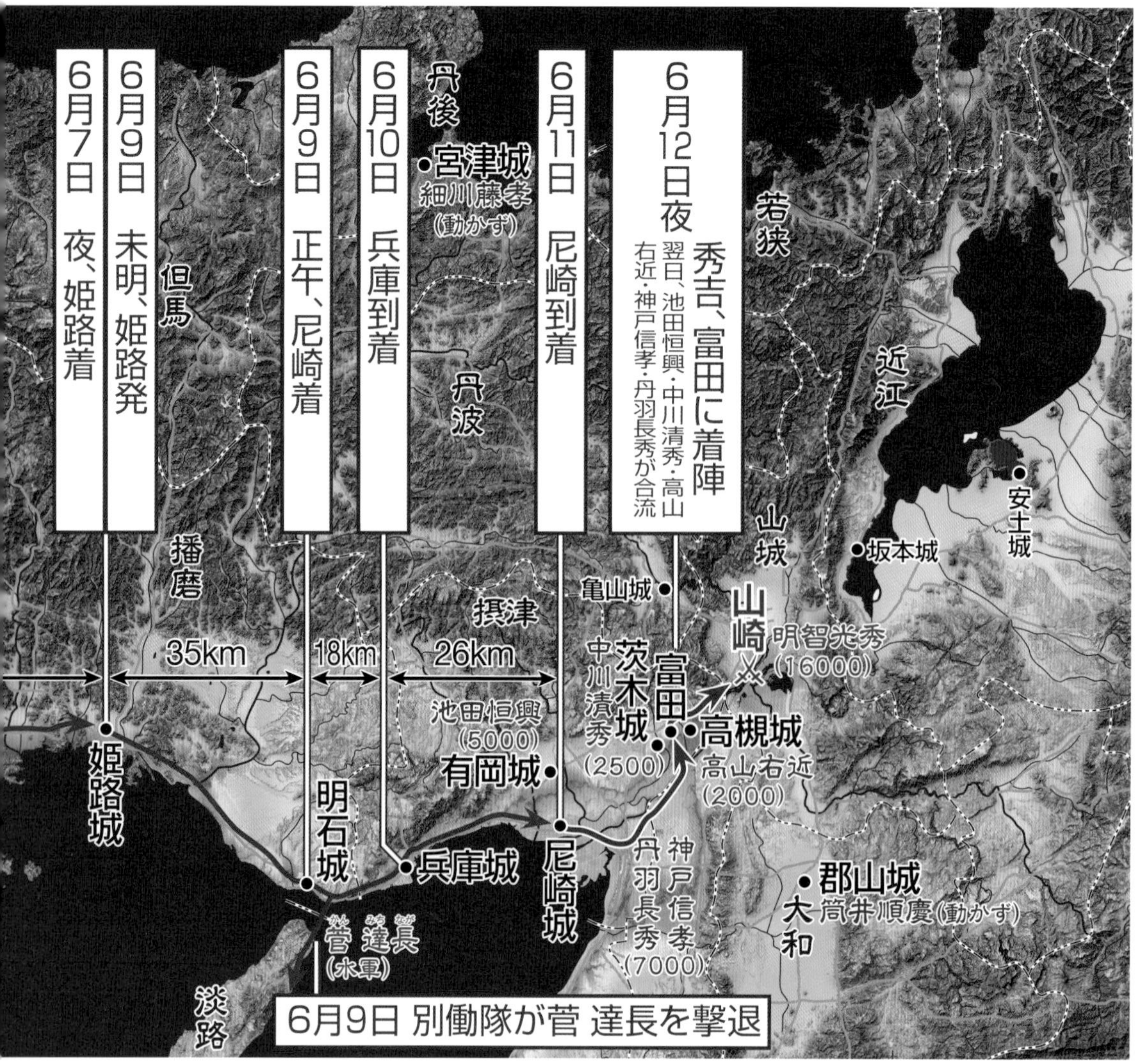

何か別途秘密協定があったとみるか？後に毛利家が、豊臣政権で大変優遇されたことは歴史的な事実である。

大返せなくても良かった「大返し」

6月6日夕刻、秀吉軍は退却を開始し、その日の夜は、22㎞離れた沼城《ぬまじょう》で一泊している。到着はおそらく夜半頃になったと思われる。

ここから先、6月12日の夜には富田《とんだ》に到着したというこの「中国大返し」。本当にできたのかという疑問が様々なところから指摘されている。

その際、前提として「毛利との講和が早すぎる」というところから疑問視する人がいる。

しかしこれは、むしろ毛利方にもさっさと引き上げたい事情があったことから、ありうる話だと判断した。

次に、こんなに短期間で3万もの軍勢を整然と移動させられたのかという疑問だ。

検証しようと実際に走ってみて、途

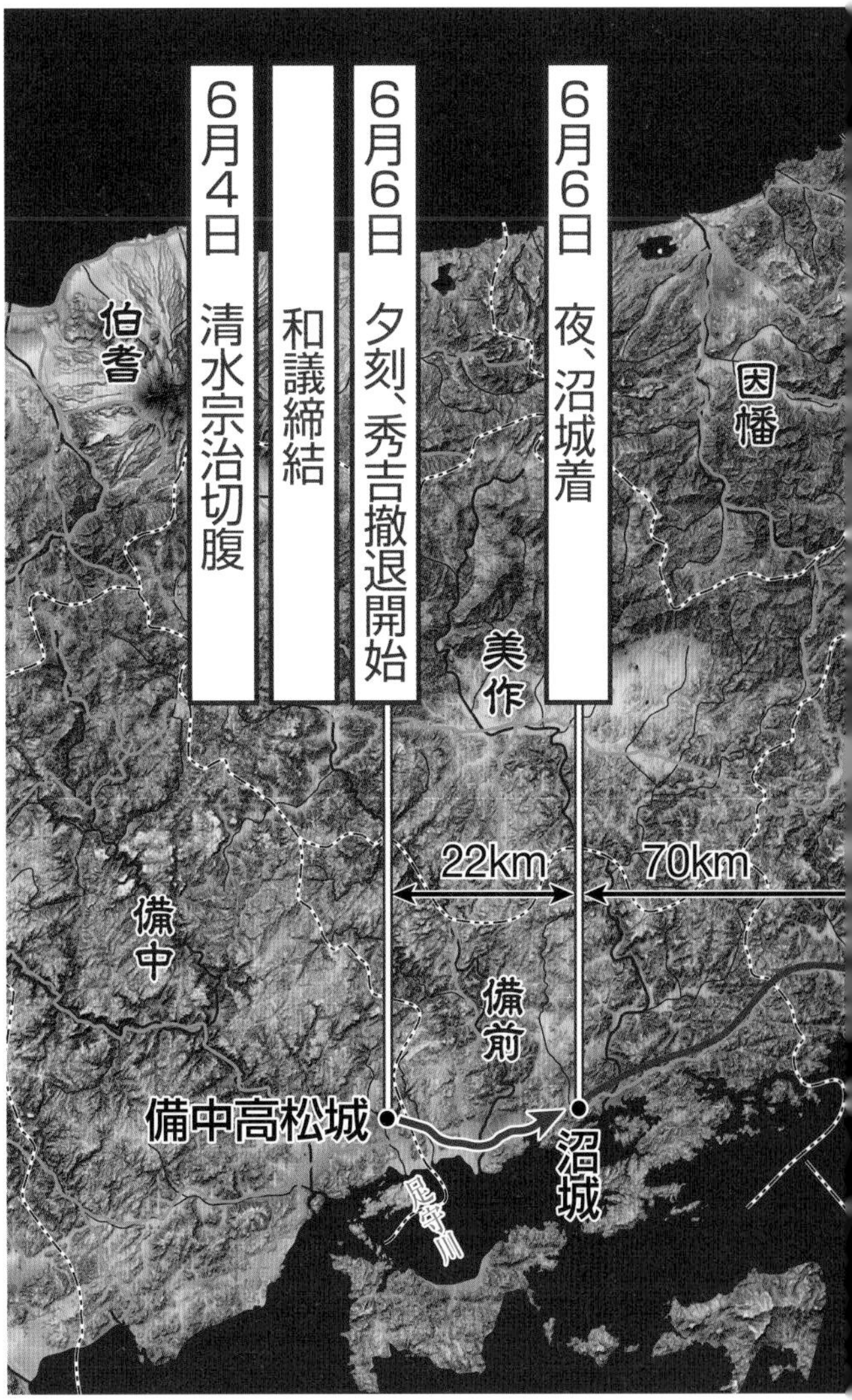

中で挫折した歴史学者やタレントも数多くいるようだ。

最近の研究で明らかになってきたのは、当時の信長軍は侵攻と共に自軍が通った道路を整備していたということ。

よって、天候が悪くても、それなりに広く平坦な道を駆け抜けることが可能だっただろうということ。そして、この手の長距離移動の時は、一旦武装をほどき、平押《ひらお》し行軍という方法をとるのが普通だ。武装は別途荷駄隊が運ぶ。

さらに、補給に使える城の数がかなりあった。

信長が実際に出張ってくるような場合、御座所《ござしょ》と言われる施設をその経路の城に用意するというのが、この頃織田家で行われていた地方派遣軍のやり方だとわかっており、そのような城には信長が到着した時の御座所はもとより、十分な兵糧の蓄えもおき、兵站《へいたん》拠点として機能させていた。

それにしても、早すぎる・・・。

しかしこれ、冷静に考えてみれば、まずは姫路城に軍勢を入れてしまいさえすれば、あとはどうにでもなったのではないだろうか。

秀吉は6月7日夜姫路に到着した後、次の日は姫路にとどまっている。ここであちこちに「信長は生きている」といったような偽情報を書き送って情報外交戦を展開するのだが、同時にその時間を使って遅れてくる自軍の将兵を一旦ここに集結させる意味があった。これは、橋頭堡《きょうとうほ》確保という点で重要だ。

一旦、ここで軍の動きをリセットする。第二次世界大戦で上陸作戦を敢行する際に上陸地点に近いところに橋頭堡を確保し、そこから部隊を展開していくというやり方と同じだ。

だが、まだ尼崎まで79㎞もある。どうすれば3万の兵力を移動させられたのか。

「3万の兵力全部が移動できずともよかった」のである。

この時点での摂津方面の状況を考えると、盟友の中川清秀（茨木城）・高山右近（高槻城）は、過去の関係上まず秀吉側につく。この両者が秀吉側につくのであれば、孤立を避ける上でも池田恒興（有岡城）も中川・高山に同調する。

そして、本能寺の変の一報が広まると兵の多くが四散した（逃げた）ものの、神戸信孝率いる四国征討軍が摂津や堺に待機したままだ。実際に光秀と戦う軍勢としては、これらが使えればいい。

しかも彼らには、備中から秀吉自身が3万もの兵力を率いて急遽引き返してきて合流すると伝えておけば一層奮起するだろう。これだけでも、光秀相手なら圧倒的な兵力になる。

あと必要なのは、全軍を指揮する「指揮官」だけなのだ。

主従関係だけで言えば神戸信孝が信長の息子なわけだから、彼が総指揮を執ってしかるべきだ。しかし、何せ経験不足。与力の丹羽長秀にも直轄できる部隊がない。

そうなれば、総司令官は必然的であろうが消去法であろうが秀吉となるはずで、事実富田で会合した結果、そうなった。

では、秀吉3万の兵力はどうなるのか。この部隊、遅れていても全く問題ない。むしろ「摂津勢の十分な戦力で戦いを挑んだ上に、更に無傷で秀吉直下の軍勢が3万も控えている」という状況になる方が、より効果的だ。

秀吉にとっても、摂津勢が苦戦して損害が甚大になったとしても、自軍3万は無傷で残るという皮算用。

よって、中国大返しは「返せなくてもよかった大返し」なのだ。

山崎の合戦

天正10年（1582年）6月12日、ついに両軍は円明寺川《えんみょうじがわ》（現在の小泉川《こいずみがわ》）を挟んで対峙することとなった。

最前線は、中川清秀・高山右近・池田恒興といった摂津勢。

秀吉軍の総勢は3万5000〜4万。対する光秀軍は1万6000。圧倒的な秀吉有利の戦い。

しかも、羽柴秀長があらかじめ天王山《てんのうざん》をおさえてしまっているので、光秀軍は更に不利だ。光秀軍の戦場への到着と展開が秀吉軍より遅かったことを物語る。

次頁の地図は、川上操六《かわかみそうろく》陸軍参謀本部次長の指揮下で明治22年から編纂が始まった『参謀本部編 日本戦史』に収録されている「山崎合戦図」。明治の陸軍では、過去の戦闘を分析するために、このような戦史を編纂し、研究を進めていた。内容の正確さはさておき、せっかくなのでこの地図を見させていただこう。

一目見て、秀吉軍の圧倒的勝利が予想できる。

前戦を見ると、すぐにでも光秀軍を包囲できそうな勢いだ。

しかも、秀吉本軍はと言えば、まだ一部は中国大返しの途中だったと思われ、一番後にゾロゾロと街道沿いを進軍している。

つまり、秀吉は、子飼いの兵力をほぼ無傷で温存したのだ。

合戦の結果は、人の褌で相撲を取った秀吉がたった2時間で光秀軍を敗走させた。敗走した光秀軍はどうしたかというと、一旦は勝龍寺城《しょうりゅうじじょう》に立て籠もろうとしたようだ。だが、清水宗治

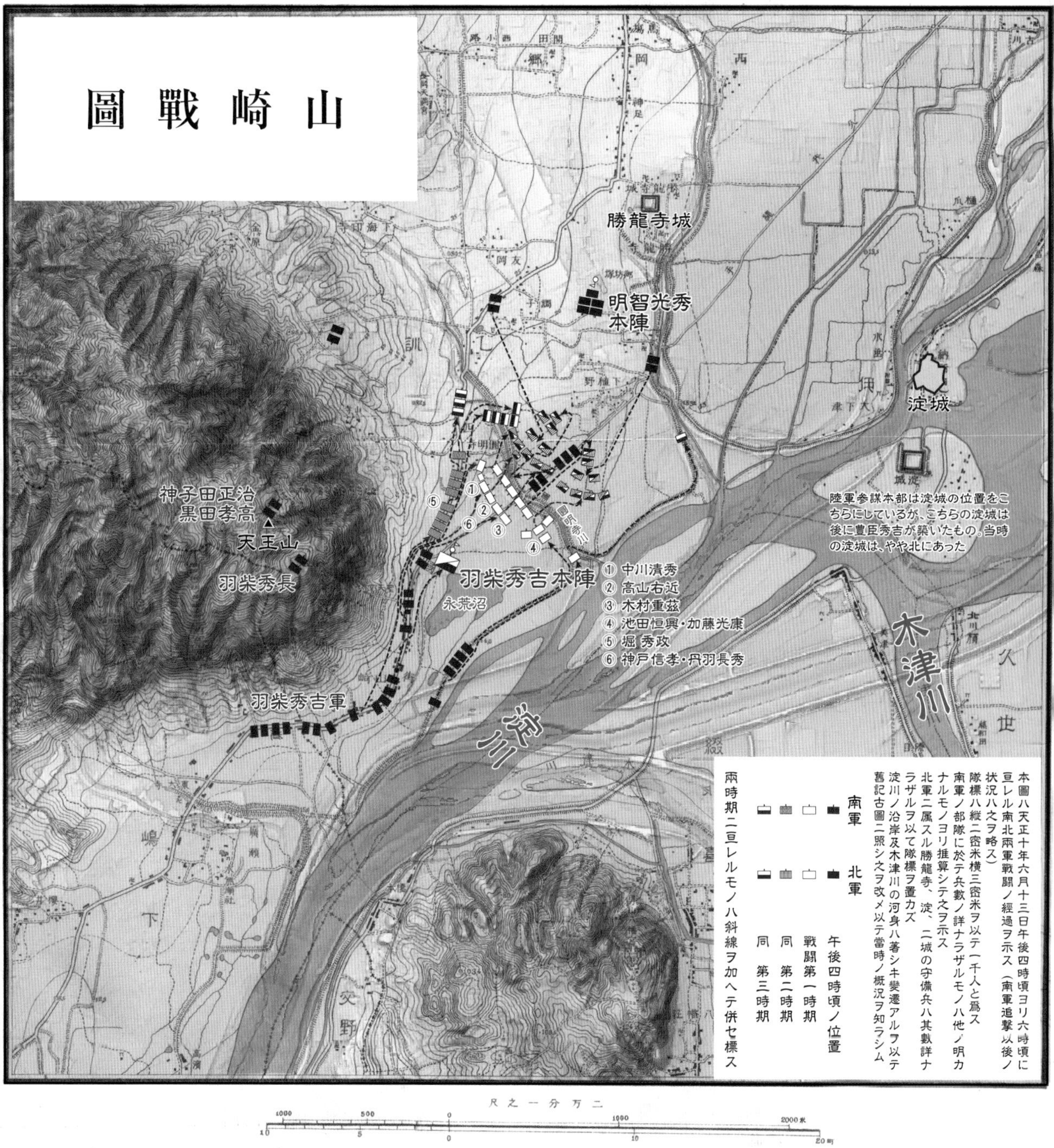
山崎戦圖
勝龍寺城
明智光秀本陣
淀城
陸軍参謀本部は淀城の位置をこちらにしているが、こちらの淀城は後に豊臣秀吉が築いたもの。当時の淀城は、やや北にあった
神子田正治
黒田孝高
天王山
羽柴秀長
羽柴秀吉本陣
永荒沼
円明寺川
① 中川清秀
② 高山右近
③ 木村重茲
④ 池田恒興・加藤光康
⑤ 堀 秀政
⑥ 神戸信孝・丹羽長秀
羽柴秀吉軍
淀川
木津川
本圖ハ天正十年六月十三日午後四時頃ヨリ六時頃ニ亘レル南北両軍戰闘ノ經過ヲ示ス（南軍追撃以後ノ状況ハ之ヲ略ス）
隊標ハ縦二密米横三密米ヲ以テ一千人ト為ス
南軍ノ部隊ニ於テ兵數ノ詳ナラザルモノハ他ノ明カナルモノヨリ推算シテ之ヲ示ス
北軍ニ屬スル勝龍寺、淀、二城の守備兵ハ其數詳ナラザルヲ以テ隊標ヲ置カズ
淀川ノ沿岸及木津川の河身ハ著シキ變遷アルヲ以テ舊記古圖ニ照シ之ヲ改メ以テ當時ノ概況ヲ知ラシム
南軍　北軍
午後四時頃ノ位置
戰闘第一時期
同　第二時期
同　第三時期
兩時期ニ亘レルモノハ斜線ヲ加ヘテ併セ標ス
二万分一之尺

の備中高松城籠城とは違い、籠城しても援軍の見込みはない。結局、散り散りになってまだ無傷の坂本を目指すこととし、次々に勝龍寺城を脱出した。

が、この時に坂本城を亀山城と取り違えて近江ではなく丹波へ逃げようとした兵が多数いたことがわかっており、もはや統一的な指揮命令系統が機能していなかったことを物語る。

光秀の最期

光秀がどこで死んだのかについては諸説あるが、定説では現在の京都市伏見区の「小栗栖《おぐりす》」で落ち武者狩りにあって落命したといわれている。

現在ではその地に「明智藪《あけちやぶ》」という藪が残る。

下の地図は、国土地理院が公開している「地理院地図」から、京都市伏見区の小栗栖付近を切り出したものだが、この地図には小栗栖以外にもう一つ少々気になる地名が記載されている。

地図の右上（北東）山科区に「勧《かん》修寺《しゅうじ》※」という地名が見られる。

そう、この付近はあの勧修寺晴豊の領地（荘園）だったのである。何か因縁を感じるが、これは単なる偶然なのだろうか。敗退した光秀にとっては、安全な撤退ルートは味方の領地を通っていくことだ。

そして、勧修寺晴豊は光秀と旧知の仲。秀吉が引き返してくるまでは、親光秀の代表格だったはずだ。その勧修寺の領地で都合良く「落ち武者狩り」にあって討ち取られたという。

何となくまた、節操のない公家たちが暗躍したようにも思えてしまうのは、少々穿ちすぎだろうか。

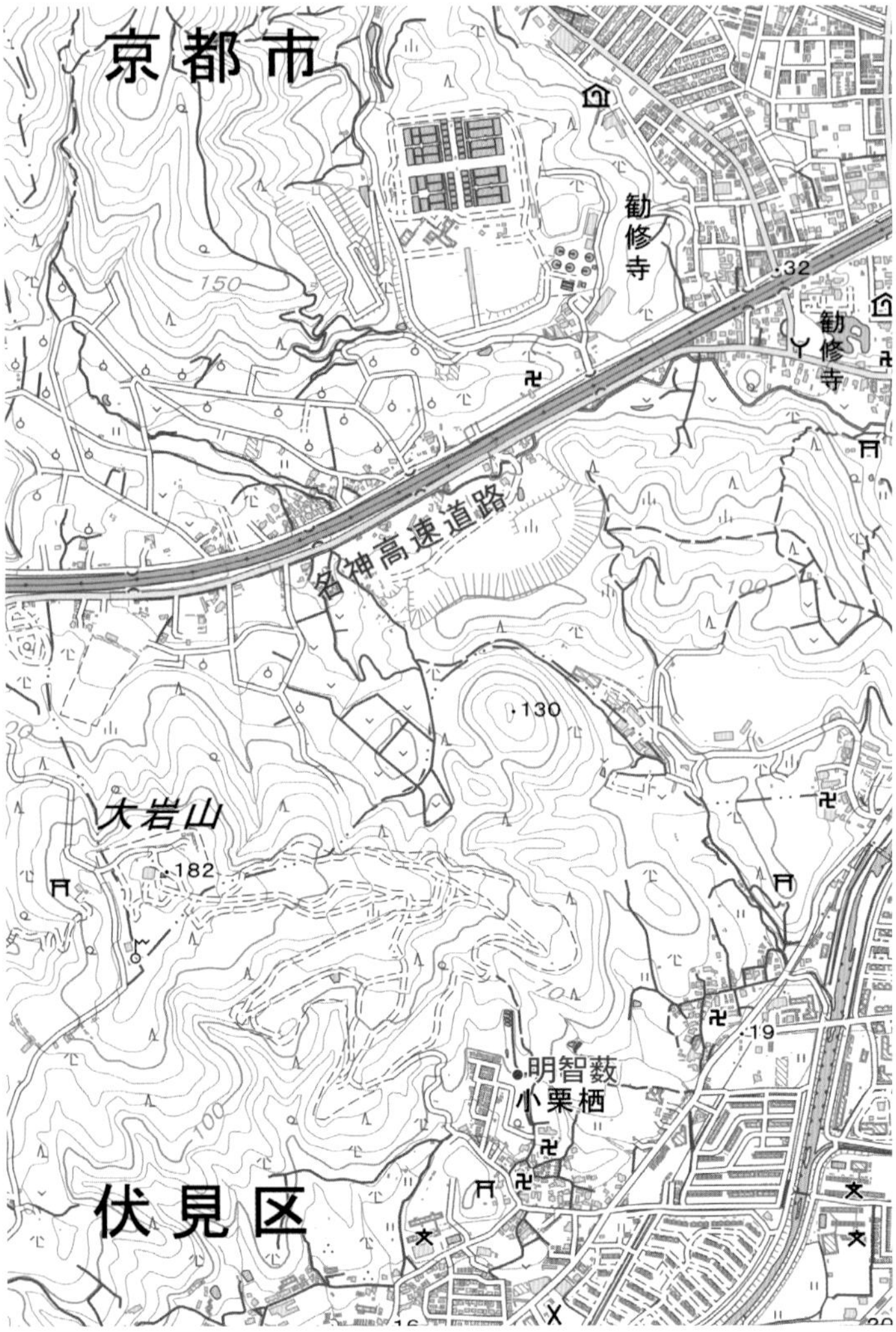

※ 公家の勧修寺家は「かじゅうじ」または「かんじゅじ」と読むが、現在の地名の読みは「かんしゅうじ」

再審　可能性　それなりに忙しかった光秀

光秀は誰に従おうとしたのか

本能寺の変を起こしたものの、光秀にはその後の政権構想などなかった、というのがこれまでの定説である。

だから、「…だとすると、なんでやったんだ？」という動機を巡る議論が百出する結果となっている。

そこで（本書では「やっていない」に近いのだが）、やっていようがいまいが、光秀自身はトップに立ってグイグイ引っ張っていくタイプではなかったという前提に立ち、いったい誰の意思、あるいは論理に従って動こうとしたのかを考えてみたい。

織田家の事実上の当主信長と形式上の当主信忠父子が同じ日にいなくなったとすると、信長にもっとも近しい家臣の一人であり、近衛師団長のような立場としての光秀は、何を考えたであろうか。ほかの家臣団はと言えば、筆頭家老の柴田勝家は北陸で上杉景勝を相手に戦闘中。滝川一益は関東で武田家遺領の管理で手一杯。信長次男の信雄と信長の弟信包《のぶかね》は、伊勢にいるものの、戦力もなくまったく頼りにならない。三男神戸信孝は四国遠征軍の司令官、これから長宗我部に対峙する。

そして、いわば同僚格の羽柴秀吉は、中国にあって毛利家と対峙していて動けない。

まず図らねばならないのは、畿内の安定だ。この状態で畿内が乱れてしまっては、せっかく天下統一に向かっていた歴史の歯車を逆転させてしまいかねない。

そこで考えたのが、織田家の本拠地である安土がある近江を平定し、次いで京を安定化させることだ。

そして、安定化させた後は、ほかの家臣団が戻ってくるまでそれを維持することが責務となる。

光秀の頭の中では、最も早く戻ってほしかったのは、残された信長の息子たちではなく、筆頭家老の柴田勝家だったのではないだろうか。彼なら、秀吉に対しても中立だ。

そんな折も折、朝廷から勅使が来て、京の治安維持を頼まれてしまったのだ。

これで、光秀の行動は公認の行動となった。

早速上京した光秀は、取る物も取りあえず、朝廷や有力者に金を配って安心させ、言うならば「京都所司代代理」の職務を担い始める。

とにかく誰でもいいから早く京へ戻ってきてほしい…というのが光秀の偽らざる本心で、秀吉と信孝が近くまで来ていることを知った光秀は、淀城を取りあえず入れるように整えたというのが事実ではなかったのか。

しかし、そう考えてくると、実はこれらの光秀の動きとはほかならぬ「朝廷の命」によって一貫して動かされたものだと言えてしまう。

だとすれば、光秀がどうしたかったのかを考えるよりは、朝廷はこの事態を受けて、これから先の国家運営をどう考えていたのかを考える方がいいのかもしれない。

だが、それは難しい。鎌倉・室町と二つの幕府が政権を担ってから久しいこの時代、まさか建武の新政のように天皇直轄で行政が動くとは思っていなかっただろうし、そのような任に当たる能力のある官吏が公家の間にいるかというと、いないことも自覚していただろう。

だとすると、これはかなり近視眼的な意図だと思っていいかもしれない。政治は武家にやってもらった上で、もちろん金ももらう。そして何より、これ以上律令時代から続く朝廷の伝統を壊してくれるな、という程度しか思いつかない。

自分の意思か、他人の意思か？

このように、光秀は6月2日の本能寺の変勃発以降、決して暇《ひま》ではなかったのだが、この間の行動が朝廷の命によって行われたのか、それとも光秀が自発的に行ったものなのかを今一度考えておくことは、重要だ。

朝廷が命じたことであるなら前述のとおり朝廷の意図を考えるべきであるが、もし自発的な行動であるなら、その背景は何だったのだろうか。

そこには、光秀の行政官としての自信があったのではないだろうか。

光秀は、信長配下にあって極めて行政能力の高い「官僚」としての一面も備えていた。

一方で武将として、信長の近衛師団とも言える軍を率いていたのだから、官僚一本槍の村井貞勝とは異なる。

動き方を見ていると、とても自分が信長の後継者になろうとしていたとは思えない。

確かに織田家では信長・信忠という大きな2本の支柱を失ったことには違いないが、既に畿内は平定されており、目下の戦闘地域は「地方」に限られている。この時代、「天下を平定する」のと「畿内を平定する」ことは、同義語だ。

すなわち、畿内（天下）は安定したままであり、そこをもとのままに保ってさえおけば、後は協議の場をもって後継者が決まっていくだろう。そのために今できることをとにかくやっておこうと考えた。

つまり、戦闘が発生するステージではなく、しばらくは政治のステージだと考えたのではないだろうか。

これは、官僚としての自信がなければ思い至らない。豊臣秀吉没後の石田三成を彷彿とさせる。理屈が合っていれば、それに対して理不尽な行為、ましてや軍事行動などもってのほかという「正義は必ず勝つ」という考え方。戦国時代には似合わない。

再審可能性　ちらつく秀吉の影？

必要のない援軍要請と和議の関係

羽柴秀吉が織田信長宛に援軍要請の手紙を書いた件については、なぜ毛利の援軍が到着する前にそのような書状を書いたのかを疑問視した。もちろん（実際には数は少なかったものの）毛利家が高松城に対して援軍を差し向けたことは察知できていたとして、それでも援軍要請するほどの脅威だっただろうか。3万もの大軍を擁しており、毛利家としても正面からぶつかったら勝とうが負けようが相当の損害を被ることは確実だ。

手紙を出したタイミングが奇妙なのは明らかなのだが、そもそも秀吉にとって援軍要請など必要なかったのではないだろうか。

一方の援軍要請を受けた側の信長から見ると、秀吉は毛利に対して非常に好戦的になっているように見える。

ここで重要度を増してくるのが、安國寺恵瓊を通じての和睦交渉だ。いくら秀吉であっても、単独で敵側と和睦交渉ができるとは思えない。

ある程度攻め込んで毛利側に厭戦気分が見えだしたら和睦に持ち込むというのが、信長の当初の考えだったのではないだろうか。結果的に本能寺の変勃発によって中止されたが、6月2日は、神戸信孝率いる四国征討軍が海を渡って四国に攻め込もうとしている時だ。北陸ではまだ上杉家との戦いの真っ最中であることを考えると、大規模な戦闘による兵力消耗はなければない方がいい。

実際、信孝軍四国渡海準備完了の報に接した長宗我部元親は、信長に宛てて領土割譲の条件をのむという書状を送っている（これは、本能寺の変によって信長の手元には届かずに戻ってきた）。

対毛利家の場合も対長宗我部家の場合も、その先にあるのは九州の平定だ。群雄割拠している九州を平定することまで視野に入れるなら、実は両家とも味方にしておきたい戦力だ。

この戦略は秀吉も重々承知していたはずで、どちらかといえば好戦的な秀吉に対して信長はブレーキを踏まねばならないと考えたのではないだろうか。

そんなことは百も承知の上でなお、書状を認めたというのであれば、それは秀吉の別の作為を感じざるを得ない。事実、この書状のせいで信長は急遽上洛し、本能寺で討たれたのである。

細川家の動向

それにしても奇妙だったのは、本能寺の変を通じての一連の細川家の動きである。

「動かない」という動き方のことだ。

そもそも、遡ること5月17日、秀吉からの援軍要請の書状を受け取った信長は、細川藤孝にも出陣を命じている。

しかし、光秀が丹波亀山城を出立したその日、まったく動いた気配がない。動いたのは光秀と筒井順慶だけだ。

出陣を命じられつつ動かなかったのは、細川藤孝だけではない。摂津の高山右近も中川清秀も何もしなかった。

羽柴秀吉の副官 羽柴秀長

細川藤孝の腹心 松井康之

ここにも秀吉の影が濃い。かつて藤孝は足利義昭の家臣として、同僚あるいは部下だった光秀と昵《じっ》懇《こん》になったといわれているが、実は秀吉も同じなのだ。足利義昭上洛の後、秀吉は京都奉行を務めている。この時、光秀と連名で訴状を裁いたりもしているが、藤孝も幕府にあって、少なくとも彼らより上位の立場で接していたはずであった。

また、藤孝の配下に松井康之《まついやすゆき》という武将がいる。もともと幕府で藤孝の同僚だった人物で、義昭が将軍職を継いでからは藤孝の配下となり、秀吉が鳥取城を攻めた時、水軍を率いて秀吉軍の兵糧運搬を担うとともに、鳥取城に兵糧を運ぼうとしていた毛利水軍を撃退したりという活躍を見せた。

秀吉軍にあって兵站《へいたん》などの裏方で実力を示したのが、秀吉の実弟にして副官ともいえる秀長だ。この秀長と昵懇の間柄になった。

細川藤孝というと明智光秀と昵懇の仲であったことばかりが強調されているが、実はこのように密接に、羽柴秀吉とも繋がっていたのである。よって、一方的に光秀側の人物だと断定するのは間違っている。

豊臣政権で出世した人々

最後に、事件関係者で後の豊臣政権で出世した人々をご紹介しよう。

●毛利輝元

秀吉と備中で対峙した毛利家の当主。秀吉政権で大老となる。

●小早川隆景

主君毛利輝元と共に大老に就任するも、慶長2年没。

●安國寺恵瓊

毛利の使僧から一転して秀吉の側近・大名となる。

●細川藤孝（幽斎）・忠興父子

当主である忠興は丹後・豊後杵築《ぶんごきつき》合わせて18万石の大大名となり、隠居の身である藤孝（幽斎）は別に扶持をもらい、秀吉の側近となる。

●高山右近

播磨国明石郡6万石の大名となる。

このほか、中川清秀や池田恒興などが当然入ってきそうだが、いずれもこの後の戦で討ち死にしてしまっている。ただし、両家ともに家督は維持され、大名として徳川時代も存続している。

コラム

信長上洛の今一つの可能性

本書は事件の「動機」に触れることはせず、発生した（とされる）現象とその結果の妥当性を中心に吟味することを目的としてきたため、一度も触れることがなかった件がある。

織田信長上洛の理由として世間があげているもう一つの可能性のことだ。

それは、「本能寺で大茶会を催すためだった」というもの。

＊　＊

5月29日、織田信長は供回りだけを伴って安土から上洛した。

そしてその翌日（6月1日）、勧修寺晴豊の『晴豊記』には、甘露寺経元《かんろじつねもと》と二人で勅使として本能寺を訪問したとある。そして、前後して公家衆40人が訪問したとある。

何が目的で40人もの公家が押しかけてきたのだろうか。

実はこれが今一つはっきりしていないのである。重要な話があったとも想像できるが『惟任退治記』にも『信長公記』にも記載がないことをみると、少なくとも秀吉には関係ないか、都合のよい話ではなかったようである。

6月1日に通説では、大茶会が開催されたとも言われている。これは、山科言経の『言経卿記』にその旨の記載「茶子茶菓有之」の一節を根拠としている。

しかしこの時代の大茶会は「闘茶《とうちゃ》」が主流で、名物茶器を披露し、酒あり御馳走ありの大宴会を指すのである。

この手の茶会は、織田家の場合その茶頭《さどう》である津田宗及《つだそうきゅう》が仕切るのが普通であり、当日、津田宗及は堺で家康を茶の湯でもてなしていたので京にはいなかった。さらに、本能寺で大茶会を開くにはそれ相当の人手が必要であるのに、信長は準備した形跡がない。

安土城より名物茶器が運ばれた記録があったり、博多の嶋井《しまい》宗室《そうしつ》が名器「楢柴肩衝《ならしばのかたつき》」を信長に献上（あるいは見せびらかしに）持参したなどの話もあるが、6月1日に茶会はなかったとみる。

「茶子茶菓有之」はただ、茶と菓子が出たとの記述でしかない。もし茶会を行うのであるならば、6月2日か3日に堺から家康や津田宗及を呼びつけ行う予定ではなかったのか？

そして、公家衆に信長自身が「4日に中国へ出陣する予定」だと語っているとおりだったと思われる。つまり「茶会」を理由に上洛するというのは、理由としてはかなり苦しいのだ。

それに、当時の公家は、茶は嗜まない。

コラム

信長はどのような政権構想をもっていたのか

本文中に「三職推任《さんしょくすいにん》」という言葉が出てきたが、この問題は、信長が天下統一後にどのような政権構想をもっていたのかを考えさせられる。問題の端緒は、天正10年（1582年）3月、織田信長が徳川家康らの援軍を受けて、甲斐の武田勝頼を討伐したことに遡る。甲斐を平定した信長は、4月10日から10日余りかけて徳川家康の案内で、甲斐、駿河、東海道を経て安土に戻る旅をした。

目的は、一説には朝廷から征夷大将軍の位を取り付けるためだったとも言われている。朝廷の昔からの習わしで、征夷大将軍は「東国を平定した者でなければ与えない」との不文律があったからだ。それを知っていた信長が、東国平定を朝廷側に知らしめるために動いた、というのがこの説の根拠になっている。だとすると、幕府構想なのだろうか。

その真偽のほどはわからないものの、以後の動きには、朝廷側と信長側のそれぞれの駆け引きの一端が垣間見える。

4月21日、信長が安土城に戻ると、朝廷は早速、勅使を派遣。23日には、朝廷と武家の取次ぎ役の勧修寺晴豊・庭田重保・甘露寺経元が安土に到着している。信長に正親町天皇と誠仁親王からの戦勝祝の品を贈ると、勅使は翌日、京に戻った。

この時点で信長は、京都所司代の村井貞勝を通じて、朝廷に対して「三職推任」の要求を突きつけていたとされるが、勅使から表向きその話が出たかどうかは伝わっていない。

25日に、勧修寺晴豊が、京都所司代の村井貞勝と面会。このときの二人の会話に「信長を太政大臣か関白か将軍に推挙する」話題が出たとされている。どちらが言い出したのだろうか。

5月3日、朝廷は再び勧修寺晴豊らを安土に派遣。4日に安土に到着するが、信長は直接会わず、小姓の森蘭丸に用向きを尋ねさせた。その席で晴豊は、「朝廷は信長を将軍に推挙する意向」であることを伝えたとされる。信長は、上洛の直前には、三職推任に関して何かしらの回答をするつもりだったとされているが、結論がないまま朝廷側との折衝は終了。そして、本能寺の変によりすべてが葬られてしまう。

信長がどのような政権構想を描いていたかは、もはや永遠の謎だ。しかしその後、信長に代わって天下を手にした羽柴秀吉、後の豊臣秀吉と朝廷との関係を見ると、時の政権に擦り寄り、弱体化した朝廷や公家の姿が浮かんでくる。自らを神格化しようとした信長の野望は、もはや三職推任を超えて膨らんでいたのかもしれない。

付章 私はこのように推理する

検察官の反論と2人の陪審員の見解

検察官

反論

やっぱりどう考えても犯人は光秀

事件の原点

光秀も武士である。最初は信長に全幅の信頼をおいていたが、いつしか信長・信忠を討つという思いが強くなっていたのではなかろうか。

暗殺決行までの動き

信長から秀吉の中国援軍に指名されたことに反逆の好機と考え、中国援軍に参加すると手を挙げた。中国援軍参加に際し、光秀は信長には、亀山城で出陣の準備をして秀吉に合流すると伝えていたが、実際は、信長・信忠暗殺作戦会議を行っていた。

信長がいた本能寺は左京にあり桂川に近い。妙覚寺は周囲を惣構と土居で囲まれている京のまちなかにある。時期は梅雨時であり、かつ、５月25日～５月29日の５日間の推定総雨量が５６０㎜ということで、桂川の水量は多く、信長も西の方からの攻撃はないと安心していたかもしれない。

光秀は、中国援軍のためとして信長のもとを離れたが、あまり時間を置くと、秀吉と毛利の戦いも終わってしまい、秀吉が戻ってくると、信長暗殺の機会を逸してしまう。ゆえに、出陣予定どおり出発して決行するとし、６月１日夜、亀山城を出発した。京へは唐櫃峠越えが近いが、出陣の目的を中国援軍として１万３０００の兵士に伝えており、山陽道につながる老ノ坂経由で進んだ。そして山陽道との分岐の沓掛で食事休憩とした。この際に、桂川確認部隊からの報告を確認し、かつ、１万３０００の兵に、「中国援軍は行かなくてよくなった。自らは京に寄って信長に報告するから亀山に戻るように」と指示を出していた。

京都の町を熟知していた光秀は、本能寺周辺の地形、警備の状況も把握していた。必要な兵の数と人選を行っており、それ以外には口外せず（というか実行がバレてしまうと騒ぎになる）、亀山に帰るように指示をしていたのではなかろうか。史料に具体的な記述があるのは『惟任退治記』のみで２万とある。本書の検証でその兵の数を１万３０００としているが、その数の兵を本能寺周辺に配置することは不可能と検証しているように、周囲で待機させたとしても兵をまとめることは不可能ということは認められる。というより京にも混乱を招く。自らの部隊および京に混乱を起こさないように、暗殺実行部隊は光秀以下少数精鋭部隊として行動した計画的な犯罪であった。つまり、亀山へ戻る兵は七条大路を進み、信長報告部隊（＝暗殺実行部隊）は四条大路を本能寺へ向かったと考える。

暗殺決行

本能寺に到着後、光秀は信長に中国援軍の報告と偽って警備を通り、本能寺に侵入。報告するような時間ではないと不審に感じた警備兵と小競り合いがあったが、本能寺の勝手を知っている光秀は信長目指して突入した。信長は、光秀は中国援軍に行っていると思い込んでいるので不意打ちされたことになる。信長を討った後、光秀は本能寺に放火し、信長もろとも焼き払った。光秀とやり合っていることを考えると、信長が自害するという意味は考えられないので、本能寺に火を放ったのは、とどめを刺すための光秀自身の仕業である。その後、妙覚寺にいる信忠側を攻めた。

実は、村井貞勝は本能寺で光秀に会っている（この時、光秀は貞勝に、信長に報告に来たと告げたと考えられる）。しかし、突如小競り合いが始まり、本能寺が燃え始めると、光秀のクーデターを信忠に伝えるべく村井貞勝親子は妙覚寺に走り、二条御新造に退避させた。村井には軍があったが、信忠に伝えることを優先に動いたため軍を招集する時間はなかった。そのため二条御新造の防衛力は信忠の兵のみとなっていた。光秀は信忠の居場所を二条御新造と知り、本能寺を襲撃した光秀軍の数（本書で検証している約４００名程度）で包囲した。誠仁親王がいることがわかったので親王を解放した。これは、光秀は、信忠と村井貞勝が人質（誠仁親王）にしていると思い込んでいたためではないか。解放されたのを確認して光秀は攻め込み、信忠、貞勝親子は討たれて、信長と同様にとどめとして焼き払われた。光秀が、公家の勧修寺晴豊に向かって「誠仁親王がご無事に内裏にお移りになられ恐悦至極に存じます」と伝えていることがそれを証明している。

通常ならば、生首をとって「首をとったぞー」と宣言するのが常道であるが、長らく溜まっていた織田家への鬱憤を晴らしたのみでよかったのだ。

暗殺後の動き（近江の平定）

暗殺に参戦していない兵は、瀬田の唐橋が落ちていたため、先には進めず橋のたもとで滞留していた。そこに暗殺を終えた光秀が合流し、仕方がないので坂本に変更した。本書では、信長・信忠暗殺後の光秀の坂本への行動について検証している。兵全体が動こうとした場合、本書の検証のように史料に残されている時間には合わないが、光秀率いる暗殺実行部隊と一般の兵の移動が別々の場合、お互いが昼頃に瀬田に到達していれば、そこから折り返しても、坂本には午の刻、もしくは夕刻までには到達できる。

光秀は、周囲には信長・信忠を殺したのは誰かわからない（もしくは西の将軍）と偽って、安土城に入り、近江を迫りくる危険から自らの手で守ろうと、近江の各城と同盟を結び、畿内の安定を図った。

暗殺後の動き（京の安定化における戦略ミス）

そこに、6月7日京から、誠仁親王の働きかけで京の安定化の要請を受けている。これは光秀が二条御新造から誠仁親王を脱出させたことに対する感謝の意だった。

光秀は、6月9日に京に入ったが、思っていたより公家を中心に京が混乱しており、収拾が付かなくなってしまっていた。ひょっとしたら、信長・信忠暗殺は光秀の仕業という噂が立っていたのかもしれない（二条御新造から救出された誠仁親王が光秀に救出されているとすれば、事件の詳細を知っているのは誠仁親王とその周囲の者しかいないことになるが、この動きの裏に何かあったのではないかという疑惑から、今風に言うと週刊誌砲のような噂で、何かしらで漏れて広まったのかもしれない）。6月2日以降京では毎日どんちゃん騒ぎが生じたというが、その口止め料？として朝廷の命に言われるがまま安土の資産をばらまいた。

光秀にとっては非常に残念ではあるが、武士として相談できる同僚がいなかった。

織田の資産を必要以上に使いすぎたことにより信用を失い、指導者としての求心力を失い、指揮能力を失ってしまっていた。これは「本能寺の変を起こしたものの、光秀にはその後の政権構想などなかった」と言われることが証明している。

山崎の戦いと終焉

光秀は、京を治める武士として過去に仕えてきた信長や信忠が行ってきたように、他の武将と同盟を組んでいきたかった。ゆえに秀吉や神戸信孝が京に戻ってくると知った際、急いで淀城を改修（掃除？）している。しかしながら、秀吉にとっては「中国援軍に来なかった」という理由で、神戸信孝にとっては、「父の仇」という理由で光秀とは敵対関係となっており、それを想定していなかった光秀は話し合いではなく、準備不足の戦となってしまい、秀吉の大軍に撤退せざるを得なかった。

光秀は、坂本へ撤退する道として、同盟の勧修寺晴豊の領地を選んでいたが、落ち武者狩り（後を追ってきた神戸信孝もしくは神戸軍の兵ではなかろうか？）に遭い殺害された。勧修寺は哀れに思い光秀の女子を保護している。

なお、本能寺の戦いの後、人一倍どんちゃん騒ぎをしていた近衛前久が、山崎の戦い後に徳川家康のもとに身を隠したのは、光秀とともに信長襲撃に参加しており、光秀が秀吉に殺されたことで、自分も殺されるのではないかという危機感からである。

このように、本能寺の変は、やはり光秀によるクーデターであった。そして、山崎の戦いは秀吉・神戸信孝による反逆者光秀を退治する戦いであった。秀吉が残した『惟任退治記』というタイトルは、まさに、惟任光秀を退治したという秀吉をたたえる戦記であり、信憑性の高い証拠である。

陪審員A 意見

陪審員　金沢　昇

光秀はスケープゴート？

「本能寺の変」は、明智光秀によるクーデターだと私たちは長い間〝信じ込まされて〟きた。『惟任退治記』をはじめ、通説のもとになった史料を細部にわたって読み解き、検証していくと、光秀単独犯説が、いかに信憑性が低いものであるかに気づく。

信長を倒すために本能寺に乗り込んだはずの光秀は、誰かの命令で動いていた。だとしたらそれは誰なのか？　そもそも光秀は、ここまで事が大きくなると予想していたのだろうか？

仮に光秀が、誰かのスケープゴートだとしたら、本能寺の変を仕掛けた「黒幕」は別にいることになる。事件のスケール、背景、関わる人物の数からいっても、相当念入りに計画を立て準備、根回しをしないと実行できない。諸々含めて考えていくと、当時の政治状況や信長の動き、大名や武将たちの力関係を熟知していた人物が関わっていたと考えるのが自然であろう。

信長暗殺を画策したのは誰か？

本書でも言及しているが、おそらく豊臣秀吉はなんらかの事情を知っていたのであろう。そして、もう一方の当事者として、朝廷側も事件に深く関わっていたのではないかと考える。表立ってはいないが、朝廷や公家は様々な局面で、信長暗殺を画策していたと思わせる動きをしている。

周知のように、信長は、正親町天皇に対する誠仁親王への譲位強要をはじめ、作暦問題への介入、三職推任など、当時すでに朝廷を脅かす存在になっていた。朝廷は、そのことに不信感、危機感を募らせていたと考えられる。それゆえ、朝廷や公家の内部に、反信長派と目される人物を動かして、信長暗殺を企てた人物がいたとしても不思議ではない。

そのためには、信長に異を唱える武家側との周到な根回しが必要だったはずだ。その重要な役割を果たした人物として取り沙汰されるのが、太政大臣だった近衛前久だ。前久を本能寺の変の黒幕とする説は歴史家の間では知られているが、その経歴や行動からしたたかな策略家の顔が垣間見える。

若くして関白につき、上杉謙信の関東管領職就任に立ち会うなど、武家との付き合いにも長けていた。十三代将軍足利義輝と従兄弟で、義兄弟の関係にあり、幕府との公武合体政策により、朝廷の復権を目指していたこともある。

信長とも因縁浅からぬ間柄で、信長上洛後、石山本願寺に潜伏し、信長包囲網形成に一役買い、武田討伐にも公家側として同行している。信長の前久に対する信頼は厚かったようだが、事件後のどんちゃん騒ぎや信長に無視された経験などから、くすぶった感情の一端が窺える。

朝廷と武家双方に顔が利き、人脈をもつ前久は、事件を画策し、意のままに動かせる立場にいたと考えられる。人脈を辿ると、公家側の吉田兼見は前久の連絡係であり、武家側の細川藤孝とは従兄弟同士の関係にある。前久の息がかかった2人を通して光秀を説得することも十分、可能だったはずだ。

実際、天皇や朝廷の権威を否定し、自ら超越した存在をちらつかせる信長に、前久は少なからず怒りを覚えていたとする説もある。表向き信長に面従する公家のエリートを演じながら、水面下で暗殺のチャンスを模索していた可能性は大いにある。

公家を招き入れた村井貞勝

一方、信長側にいた村井貞勝も、何らかの形で事件に関わっていたと考えられる。京都所司代として諸々の情報を掴んでいた村井は、朝廷ともかなり通じていたことがわかっている。なかでも前久の連絡係であった吉田兼見とは、かなり親しい関係であった。吉田兼見が記した『兼見卿記』の中に、2人が頻繁に将棋を指していた記述が残されている。

2人の対局は、天正4年に始まり、その後何度か対戦し、天正10年5月4日に、最後の対局を行っている。本能寺の変が起こる1か月近く前まで将棋を指す間柄だったわけだ。

2人が将棋を指した理由として考えられるのは、おそらく吉田兼見が、村井に取り入るための手段として利用したからであろう。京都の行政に通じていた村井と親密な関係を築き、将棋を指しながら、信長方の情報を探るのはある意味、常套手段とも言える。そして村井もまた、兼見との関係を通して朝廷の動きや人脈を読み取っていたことは想像に難くない。

ただ勝敗についてはあまり記されていないことから、兼見が村井邸へ出向いたのは、将棋よりむしろ別の目的があったのではないかと想定される。

なんのために村井邸を頻繁に訪れていたか。考えられるとすれば、やはり信長側の情報を得ることと、共通の政治的な目的、行動のために情報交換をしていたのではないかということだ。

本能寺の変の前日、本能寺にいた信長のもとを公家衆40人ほどが訪れている。それも勅使を含む前関白・太政大臣の近衛前久はじめ、関白、左大臣、右大臣、内大臣など錚々たる顔ぶれだ。それだけの公家衆が足並みを揃えて、信長詣とも言える形で本能寺に参集するのは、異例中の異例だとされている。

当時の信長は実質的に天下統一を目前にしていたとは言え、朝臣ではなかった。言ってみれば、朝廷の息があまりかかっていない民間人に近い。しかも、朝廷に対しては一定の距離を置き、見方によってはむしろ反感を買うような行動をとっている。そのような人物に対して、なぜ公家の最高峰に立つ人間たちがわざわざ参集したのか？

しかも『言経卿記』によれば、ほとんど雑談に終始したようにしか記されておらず、茶会が開かれた形跡もなかった。時期としては、信長を関白、太政大臣、征夷大将軍のいずれかに推任する「三職推任」とも重なることから、もしかしたら朝廷側からその推任案を持ち出したのかとの想像も働く。が、そうした儀式が行われた様子もうかがえない。

その真相は、いまもってはっきりとわからないが、勅使を務めた勧修寺晴豊、吉田兼見らは、その前日に、信長を山科まで迎えに出た際、信長側の森蘭丸に「出迎え不要」として追い返されている。つまり、信長からしてみれば、公家の参集などあまり気にかけていなかったのである。

にもかかわらず、信長がいた御殿に招き入れられたのは、その間をとりもった人間がいたからであろう。その人物が、ほかならぬ村井貞勝ではないかと考えられる。おそらく、将棋を通じて旧知の関係にあった吉田兼見から、公家参集を働きかけられ、根回しに動いたのではないかと想像する。その動きは当然、兼見に指示を出していた近衛前久も知っていたであろうし、信長政権の中にあって、長年朝廷との交渉に当たってきた光秀にも伝えられていたのではないかと推測する。

朝廷側の改竄された日記

仮にそうだとして、問題は村井や光秀がなぜそうする必要があったのか。まさにそれこそが本能寺の変の核心に触れる部分である。

光秀の軍勢が本能寺を取り囲むのは公家の参集からわずか1日後。時間にして十数時間あまり後のことである。それだけの時間差で、国を動かすほどの予期せぬ出来事が立て続けに起こりうるものだろうか。

時間の壁はあるものの、穿った見方をすれば、もしかしたらこの二つの出来事は、始めから仕組まれた、あるいは結びついていたとは考えられないか。

招かれざる客であった公家衆が、さして重要とも思えない時間をだらだら過ごしたのは、もしかしたら、後に起こる事件の時間稼ぎだったと考えられなくもない。本能寺に到着した光秀が信忠を急いで倒しに行かなかったのも、村井が信忠のもとに行き、二条城に移動するように進言したことも、そう考えるとなんとなく辻褄が合ってくる。

つまり、村井と兼見、光秀は一連の動きを前もって知っていた。もとよりそれを示す証拠はないが、おそらく信長亡き後の政権構想という共通の目的があって動いていたのであろう。公家側には朝廷の権威回復、村井や光秀にとっては、名実ともに信長から信忠への権力の移譲。その使命を果たそうと動いたものの、何か得体の知れない別の要素によって策に狂いが生じたのかもしれない。当日の悪天候も少なからず影響したのかもしれない。あるいは別の何者かが光秀より先に動いていたとも考えられる。

豊臣秀吉は、本能寺の変の記録や詳細を改竄し、闇に葬ったとされているが、朝廷側でも日記が抜け落ちたり、改竄された形跡がうかがえる。

なかでも、武家伝奏として信長との連絡に当たった勧修寺晴豊と、近衛前久の右腕として交渉に奔走した吉田兼見の日記には、興味深い記述がある。前者は、天正10年4月から6月までの日記が抹消されているが、晴豊は、その抹消された分を『天正十年夏記』として別に保存していた。後者の『兼見卿記』も、天正10年1月から6月12日まで2冊の日記が残されているが、注目すべきは正本とされる改竄されたものと、改竄前の別本があることだ。

この中に、事件後の6月6日、晴豊とともに兼見が宮中に参内し、誠仁親王から使者として明智光秀のもとに下るよう命じられたことが記されている。

いわく、改竄前の別本には「日向守へ御使いのためまかり下り、京都の儀別儀なきのよう、堅く申し付くべきの旨仰せなり」とある。

同じことが、改竄された正本には「日向守へ御使いのため下るべきの旨仰せなり。かしこまるの由申し入る」と書き替えられている。

「京都の儀別儀なきよう、堅く申し付くべき」が抜け落ちているのだ。京都の儀とは何か？　このことからも、誠仁親王が光秀に京都の守護を依頼したのは、事前に話が通じていたと考えられないだろうか。

朝廷と秀吉は、通じていた？

いずれにしても推測の域は出ないが、前久をはじめとする朝廷側の思惑と、本能寺の変の後の秀吉と朝廷の関係を見ると、両者は〝通じていた〟可能性は極めて高いと言わざるを得ない。残念ながらその確証はないが、利害は不思議と一致する。

秀吉の「中国大返し」や毛利との和睦も、朝廷側との密約があったとすれば何となく説明がつくし、本能寺の変の後、秀吉と朝廷との関係（豊臣の姓、関白職位など）にも合点がいく。

前久は、信長亡き後の体制について、幕府の再興を描いていたとされる。その象徴として、信長に追放され、毛利家の庇護を受けながら備後の鞆に、将軍のまま隠棲していた足利義昭を復権させようとしていた。そのために、義昭に仕えていた旧幕府勢力を結集し、毛利や関東管領の上杉の力を借りようと考えていた。

秀吉は、その事実を知りつつ黙認し、光秀と当時大坂に陣を張っていた神戸信孝を倒せば、天下は自分に転がり込んでくると計算した。そして、そのとおりになった。

光秀が、事件後に取った行動をみても、朝廷の命によって動いていた節がうかがえる。本能寺の変は、光秀謀反によるクーデターではなかったのである。

陪審員B 意見

陪審員　平田吉次

再審以前の認識

「本能寺の変」は、京都の本能寺で織田信長が家臣である明智光秀の謀反により殺害された出来事としか認識されていない。

テレビドラマや映画でも、明智光秀が大軍で夜明け前の本能寺を取り囲み、関ヶ原の合戦場面のように兵は背中に桔梗紋の旗指物を差して、鉄砲や槍でもって本能寺の土塀を乗り越え信長を襲撃している。そして、燃え盛る館の部屋で有名な「人間五十年・・・」を舞って自害するのである。

すなわち、「本能寺の変」の主役は織田信長であり、明智光秀ではない。私が認識している「本能寺の変」に登場する明智光秀はどうでもよかったのである。もちろん、光秀の出自とか謀反の動機とか、どのように死んだかなどを知ろうとする興味もなかった。唯一、知っていると言えば、有名な「三日天下の明智光秀」くらいであった。それほどに私の中での明智光秀はマイナーな存在だったのである。「本能寺」を最初に認識したのは中学校の修学旅行で京都を訪れることになり、その宿が「本能寺会館」という名前の宿であり、宿の近くにあったのが本能寺であった。しかし、私の認識している本能寺はこの変の時のものではなく、豊臣秀吉によって移築されたものだと再審によって初めて知ったのである。

再審により脇役から主役になった光秀

再審に至る起因となった着目点の奇抜さに興味をひかれる。すなわち、丹波亀山にいる光秀の大軍が、京都の本能寺を宿所とする信長を襲撃するには、桂川を渡河する以外に方法がなく、過去の史料も軍記物も伝記もすべて桂川を渡っている。しかし、再審では旧暦の6月は梅雨のど真ん中で桂川は増水しており、大軍が夜明け前の真っ暗な状況で渡るのはかなり無理が生ずるのではないかと問題提起している。当時の桂川には北に渡月橋と南に佐比橋の2か所しか橋がない。光秀が大軍を率いて桂川を渡り、「敵は本能寺にあり」と全軍に指示したとの話は、後世の作家の作り話の可能性が大きい。これだと「本能寺の変」は事件のとば口から検証し直してみないと真実が見えてこないのだと理解した。

まず、光秀軍が丹波亀山を出立した時刻が通説でもバラバラであることを指摘している。本能寺到着時刻もバラバラ。すなわち確固たる史料が存在していない中での想像の産物であることがわかる。共通しているのは、光秀が大軍で夜明け前の本能寺を襲撃したことだけである。再審では「本能寺の変」を謀反ではなく一つの襲撃事件としてみている。本能寺を襲撃して信長の宿所である御殿を焼き払った犯人捜しであり、実行犯と首謀者捜しである。この時点で光秀は容疑者の一人にしか過ぎないとの視点は、事件後400年間にわたり、あまりなかったことではないかと思う。

次に、大軍をもって本能寺を取り囲み、襲撃したとの通説に対して問題提起している。戦国時代といっても、京の都は日本一警備が厳しいまちである。そのまちなかを夜明け前に大軍が町人や警備に気づかれずに本能寺まで行軍したとするには、かなり無理があるのではないかと指摘している。確かに私は今まで疑問すら持たなかったが、なるほど現実的でない話である。そして、本能寺周辺の道幅やまちの構造から本能寺を襲撃するには大軍では無理であり、せいぜい400人程度で十分としているところが今までにない見解である。さらに襲撃方法にも注目し、信長一人を襲撃するのには不向きであるとしている。光秀軍の兵が背中に掲げている旗指物は、戦場で敵と味方を間違えないようにするためであり、本能寺襲撃には不要である。なぜなら本能寺には甲冑を装備した兵は一人もいないのである。通説では森蘭丸が光秀軍の桔梗紋旗指物を見つけ、信長に「明智勢のようです」と進言し、信長は有名な「是非に及ばず」とつぶやいたとしているのは誠にもっておかしな話である。アルカイダの親玉襲撃の例がすばらしく、納得できる見解である。

大事なのは、信長は殺されたのか、自殺したのかが今でも不明な点である。首が挙がっていないのだ。もし、実行犯が天下取りを目的としていたなら、この本能寺襲撃は失敗ということになる。信忠襲撃も同じように失敗である。この時点で「本能寺の変」の実行犯は、天下取りが目的ではないのではないかという疑問が出てくる。しかし、それはあり得ないことだ。だとすると真の実行犯と首謀者は確実に信長と信忠の首級を確保しており、その事実を隠蔽する必要がある人物だということにたどり着く。この時点で光秀の容疑はかなり薄れてくる。光秀が実行犯ならば首を隠す必要は全くないからである。

「本能寺の変」は単純な家臣の謀反話かと思いきや、再審が進むにつれ不可思議な場面が多く存在することがわかった。その一つは村井貞勝の存在である。村井などという人物など勉強不足で全く知らなかったが、大変興味深いのである。まず、自宅が三条京極にあるにも関わらず、事件の当日は本能寺の門外の自宅に親子でいたことになっている。村井は信長が任命した京都所司代であった。その村井親子が、自宅目の前の本能寺で光秀軍の襲撃を受けている主君信長を見捨てて、信忠の宿所である妙覚寺へ向かっている。再審ではこの部分の不合理を強く指摘しており、村井の行動は継続審議が必要だと判断する。村井親子が二条御新造で討ち死にしていることも謎である。襲撃方法からして、信長襲撃犯と同一と見るのが妥当であり、通説とは異なり本能寺と同時に襲撃されたとみてもいいかもしれないが、再審では触れていない。

これまでの審議を見ると、ここまでは実行犯を光秀とするには証拠不十分だと判断せざるを得ない。

通説での「本能寺の変」には備中高松の秀吉への援軍に、指揮官明智光秀の与力衆である高山右近など摂津衆の動きが全く登場しない。個人的には、この時点で摂津衆は光秀の与力から秀吉に乗り換えたのではないかと察している。そう考えると山崎の合戦での摂津衆の動きに納得がいくのである。おわかりであろうが、既に個人的には「本能寺の変」首謀者は〇〇で実行犯は〇〇配下ではないかと下衆《げす》の勘繰りをしている。後の最高権力者豊臣秀吉の検閲を受けることなく眠っていた、フロイスの『日本史』に登場する「本能寺の変」の記述は敬虔なクリスチャンである〇〇から得たものではないか。そして、そこにある「特殊な任務をもった者」とは〇〇の命を受けた刺客であると想像できる。

「本能寺の変」は光秀の犯行かもしれないが、再審の問題提起からみると、どうも光秀の犯行にしたら辻褄の合わぬことが多すぎるように思える。本能寺襲撃後の行動を見ても、安土城を攻めてはいない。安土城には織田軍の中国攻め本隊が、蒲生賢秀の指揮下で出陣可能な状態にあったはずである。やはり、「本能寺の変」は最初から通説と異なる事件ではなかったのかと思えてならない。「本能寺の変」は織田家家臣の何者かが織田家滅亡を画策し実行した事件ではないのか。本能寺での信長襲撃は、そのシナリオの一場面に過ぎないのではないか。このシナリオを実行するに必要だったのが謀反人惟任日向守光秀だったのだ。元来「本能寺の変」の主役は信長であったのだが、真の首謀者により光秀は主役にされてしまったのだ。「本能寺の変」以降に破格に出世した人物は全て一人の武将の家臣となっている。その武将は、岐阜城から逃げてきていた信忠の嫡男三法師のいる清洲城で会議を開き、三法師を織田家の跡目相続者として承認させ、その後見人としての実権を握った。逆らう者は、織田家の人間であろうと、織田家古参の家臣であろうと殺してしまった。その武将は京都大徳寺にて信長の葬儀を主催している。その武将は実権を握るに織田家の家老柴田、滝川、丹羽が邪魔であり、同僚の光秀などは、まさに妬ましき存在だったに違いない。それらを見事に一掃し、天下人になるに3年を費やした。なぜか丹羽長秀は、織田家では柴田勝家に次ぐ次席家老の地位にあったが、「本能寺の変」以降はその武将に取り入り123万石の大大名に出世している。

その武将が「本能寺の変」の直後に大村由己に書かせた『惟任退治記』と、その武将に京都大徳寺での信長の葬儀以降に仕えることとなった太田牛一の書いた『信長公記』の矛盾点が、真犯人をあぶり出す重要な手掛かりになるとは何とも因縁であろうか。再審の判決は出ていないが、検察は再審の内容を不服として控訴してくるであろう。再審は2回、3回と継続していくことにより、真実が明らかになっていく。再審の判決がどのようになるか楽しみであるが、今の時点で陪審員としては、光秀冤罪に傾いているのが正直な思いである。

エピローグ

豪雨で増水する桂川を見ながらふと頭をよぎった疑問から、本書の編纂は出発した。

歴史タラレバ好きなおやじたちが暇に明かして（実はそれぞれ結構多忙ではあるが）集まっては「ああじゃない」「こうじゃない」と口角泡を飛ばして議論した結果、何とか光秀の最後まで漕ぎつけることができて、いまホッとしているところである。

「光秀は増水した桂川を渡れたのか?」という疑問は、「渡れたとしたらどこを通ったのか?」「亀山城を何時に出立したのか?」「大軍で攻める必要があったのか?」に広がり、「そもそも本能寺を取り囲むのに何人必要なんだ?」「京都所司代の手勢には見つからなかったのか?」「どうして信忠は逃げなかったのか?」というように、疑問が疑問を生む形で議論は進んでいった。

その結果、犯人が光秀であろうがなかろうが、どうやら本能寺での信長の死に関しては、巷間いわれているような、そしてテレビドラマで再三にわたり演出されているような、桔梗の旗を押し立てての大軍による襲撃ではなかったといえるのではないかということで、我々おやじたちの間では合意形成がなされた。そこから先は一気呵成かというとそうもいかない。

そこで方向転換。

我々おやじ連の立場は、あくまでも「疑わしきは被告の利益に」である。この点は一致できる。疑わしいことがある限り、古文書にどう書いてあろうが、光秀が犯人であることを前提にして「本能寺の変」をとらえることには抵抗が生じる。そこで、事の真実は別として、とりあえず疑問点を整理し吟味し「再審請求」してみようではないかということになったわけである。

「『再審請求』に換えて」のところでも述べたように、古文書（とくに『惟任退治記』）に記載された通りにしたらどうなるのかを、天候や地理的条件、現場状況の再現などの想定データと照らし合わせながら、検証を進めた。その結果をわかりやすくまとめたのが九つの「再審争点」だ。まとめてみると何ということもないように思われる

であろうが、そこに行きつくまでには結構グダグダ議論とジグザグ行進を余儀なくされた。

もちろん、本書で提示した9点に及ぶ「再審争点」も、いずれは証拠となる史料等が発見されて解消していくのかもしれないが、やはり「敗者の歴史」であるがゆえに、その道は平坦ではなさそうだ。

後は、読者諸氏が陪審員となってそれぞれの「判決」を出してほしいと思う。


最後に、皆さんに判決をお願いするにあたって、言い訳が一つとお願いがひとつ。

そのひとつ。言い訳。もとより、歴史オタクの我らおやじたちは、年号や人物の名前を諳んじたり、複雑な系譜を辿ったり、戦国時代の社会経済的な土台の理解には些か疎く、高尚な歴史学的な知見という点ではシロウトそのものだ。だから、当然のこと本書は「本能寺の変」が歴史的にどのような意味を有しているのかについて論究を加えるものではない。また光秀が犯人という前提に立たない以上、「動機」云々もテーマとはならない。

二つ目。お願い。この事件は家臣が主君を殺めたという点で、不義不忠の典型的な例として語られてきたものの、よくよく考えてみれば、そのような捉え方は江戸時代以降の価値観の結果であり、室町時代の人々にとっては「よくある出来事」の一つだったということである。

全国政権樹立間近だったといわれる織田信長・信忠父子が、ある日忽然と姿を消してしまったというに過ぎない。当事者たちにとっては勝つか負けるかしかない時代の出来事であり、むしろ油断していた信長・信忠父子については、その失策を責める声があってもいいくらいだ。恐らく京は既に自分の庭のようなもので、安土から京まであれば、城の中を歩くような気でいたのかもしれない。迂闊である。だから、この事件自体を、結果を知っている立場で論じてはいけないのではないかということ。ましてや「親戚の情」や「天下国家の安寧を求めて」みたいな現代的な感覚で当時を判断してはならないということではないかと思う。


さあ、我らおやじたちの「再審請求」はここまでです。

後は読者諸氏の口角泡を飛ばす議論と、その結果としての華麗なる「判決」を期待して筆を置くことにします。

「再審・本能寺の変」制作委員会

参考文献・史料

故実叢書中古京師内外地図	森幸安	1901年	西尾市岩瀬文庫 古典籍書誌データベース
京都の歴史 第4巻（桃山の開花） 別添地図「京都・名所と町組の成立」	京都市編	1974年	学藝書林
織田政権と足利義昭の奉公衆・奉行衆との関係について	染谷光廣	1980年	国史学110・111号
京都・一五四七年 描かれた中世都市	今谷明	1988年	平凡社
日本中世後期・近世初期における気賀と戦争の研究	佐々木潤之介	1997～1999年	早稲田大学文学部 科学研究費補助金 研究成果報告書
天正十年 夏ノ記	岳宏一郎	1999年	講談社
現代語訳信長公記	中川太古 訳	2000年	新人物往来社
完訳フロイス日本史	松田毅一 川崎桃太	2000年	中公文庫
国宝 上杉本 洛中洛外図屏風	米沢上杉文化振興財団編	2001年	米沢市 上杉博物館
一般住宅における初期火災時の燃焼特性に関する研究報告書	独立行政法人 消防研究所	2006年	消防研究所 研究資料第72号
描かれた戦国の京都 洛中洛外図屏風を読む	小島道裕	2009年	吉川弘文館
本能寺の変四二七年目の真実	明智憲三郎	2009年	プレジデント社
Total Soar Irradeiance during the Hooene	Steinhilber et al.	2009年	GEOPHYSICAL Res.Let.Vol.36
戦国の軍隊	西脇総生	2012年	学研プラス
新版 信長は謀略で殺されたのか	鈴木眞哉 藤本正行	2014年	洋泉社
本能寺の変 信長の油断・光秀の殺意	藤本正行	2014年	洋泉社
明智光秀	高柳光寿	2014年	吉川弘文館
明智光秀	小和田哲男	2014年	PHP研究所
ここまでわかった！明智光秀の謎（収録 惟任退治記）	歴史読本編集部編	2014年	角川書店
明智光秀 史料で読み戦国史	藤田達生 福島克彦	2015年	八木書店

織田政権の京都支配における奉公衆についての基礎的考察	久野雅司	2015年	いわき明星大学 人文学部研究紀要 第二十八号
本能寺の変 88の謎	井上慶雪	2016年	祥伝社
安土城と本能寺の変	松田毅一 川崎桃太	2016年	中央公論社
気象で見直す日本の合戦	松嶋憲昭	2018年	洋泉社
明智光秀と本能寺の変	渡邊大門	2019年	筑摩書房
本能寺の変 431年目の真実	明智憲三郎	2019年	河出書房新社
本能寺の変の真実	斎藤忠	2019年	実業之日本社
光秀公記	黒鉄ヒロシ	2019年	PHP研究所
明智軍記	二木謙一 校注	2019年	角川書店
明智光秀・秀満	小和田哲男	2019年	ミネルヴァ書房
本能寺の変に謎はあるのか？	渡邊大門	2019年	晶文社
本能寺の変	藤田達生	2019年	講談社
私の祖先 明智光秀	細川珠生	2019年	宝島社
明智光秀 五百年の孤独	宮崎正弘	2019年	徳間書店
本能寺前夜	山名美和子	2019年	SBクリエイティブ

以下、国立国会図書館蔵史料

言経卿記	文学研究資料館データベース		
川角太閤記	公民文庫	1909年	共同出版
当代記	史籍雑纂	1911年	国書刊行会
多聞院日記		1935年	三教育
川角太閤記	志村有弘	1966年	勉誠社
兼見卿記		2014年	八木書店

以下、国土交通省国土地理院旧版地形図（謄本）

二万分一地形図「大津」	1912年4月30日	陸軍参謀本部 陸地測量部
二万分一地形図「淀」	1912年6月30日	陸軍参謀本部 陸地測量部
二万分一地形図「岐阜」	1893年11月29日	陸軍参謀本部 陸地測量部
二万分一地形図「亀岡」	1912年11月30日	陸軍参謀本部 陸地測量部
二万分一地形図「福知山」	1896年3月30日	陸軍参謀本部 陸地測量部
二万分一地形図「京都南部」	1912年8月15日	陸軍参謀本部 陸地測量部
二万分一地形図「京都北部」	1912年8月30日	陸軍参謀本部 陸地測量部

◎著者紹介

「再審・本能寺の変」制作委員会

歴史を中心とする雑学談義をこよなく愛する、非専門家集団。調査・執筆担当の略歴は次の通り。

太田《おおた》 **稔**《みのる》、株式会社コギト代表取締役社長。京都を活動拠点とするIT企業の社長でありながら、時代MAPシリーズ（光村推古書院）のプロデュースを行うなど、出版事業にも広く携わる。**篠崎**《しのざき》 **透**《とおる》、株式会社地理情報開発代表取締役社長・一般社団法人地図調製技術協会理事。地図を用いた歴史本などのプロデュースを行う。歴史文学地図シリーズ（武揚堂、共同執筆）。**上乗繁能**《じょうのりしげよし》、取材ライター/構成作家。主に人物、歴史、医療ものを数多く執筆。日本海の交易船「北前船」の研究にも勤しむ。石川県出身。**井上志郎**《いのうえしろう》、大手地図出版社勤務の後、地理情報開発顧問、時々ミュージシャン。静岡県浜松市出身。宝物はYAMAHA CJ-52・YAMAHA FG-350・MARTIN D-35S。**木村雄一**《きむらゆういち》、大手地図出版社編集部を経て独立。一般社団法人地図調製技術協会特別会員・測量士・防災士。貨物列車をこよなく愛する。著書に「日本貨物鉄道地図鑑」（平凡社）。

企画・プロデュース：太田 稔（株式会社コギト）

武将イラスト：八島潤子（株式会社コギト）

地図制作：株式会社地理情報開発

デザイン・DTP：西澤和博 西澤直子 倉石卓也 北澤達彦（第一企画株式会社）

写真・資料提供・協力

国土交通省近畿地方整備局淀川河川事務所、京都府南丹土木事務所、亀岡市観光協会、高松城址公園資料館、甲冑工房 丸武

本書掲載の地図の制作にあたっては、国土地理院の数値地図（国土基本情報）を加工して使用しました。

本書掲載の地図の制作にあたっては、杉本智彦氏の「カシミール3Dスーパー地形」を使用しました。

（http://www.kashimir3d.com/）

再審《さいしん》**・本能寺**《ほんのうじ》**の変**《へん》　**光秀**《みつひで》**に信長**《のぶなが》**は殺**《ころ》**せたのか？**

2020年8月31日 初版第一刷

著者：「再審・本能寺の変」制作委員会

発行者：河野和憲

発行所：株式会社彩流社

〒101-0051 東京都千代田区神田神保町 3-10 大行ビル6階

電話 03-3234-5931

FAX 03-3234-5932

http://www.sairyusha.co.jp/

印刷・製本：大日本法令印刷株式会社

Printed in Japan　ISBN978-4-7791-2698-7　C0021

『再審・本能寺の変
光秀に信長は殺せたのか？』
特設サイト公開中！

本書を読んでも光秀が信長を殺せたと思いますか？
あなたの意見も投票、公開し、
「本能寺の変」の真相を一緒に究明しましょう。
【特設サイト URL】
https://www.sairyusha.co.jp/tokusetu_honnouji

【彩流社　好評既刊】

鋤柄三河入道（三河守）と七百年に亘るその子孫たち

978-4-7791-2637-6 C0022(19.11)

鋤柄勝男著
「スキエ」「スケガラ」などではなく「すきがら」だ！
全国の鋤柄家に繋がる一家に一冊の必備書！鋤柄家の家系図に基づき、著者６０年に亘る資料の収集と現地踏査の集大成！八年半の時間をかけた執筆、遂にここに成る！鋤柄家のルーツを初めて世に明かす！

定価：5,400 円 + 税

中世宇都宮氏の世界　下野・豊前・伊予の時空を翔る

978-4-7791-1949-1 C0021(13.11)

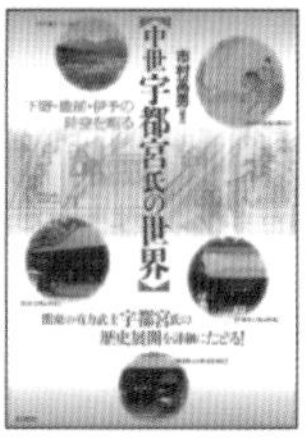

市村高男編著
関東の有力武士宇都宮氏の歴史展開を詳細にたどる！
関東の有力武士として四〇〇年余の歴史を展開した宇都宮氏を政治動向や社会経済活動に加えて、日光山縁起や主要な城郭跡、寺社、石造物、仏像などから詳細にたどる。

定価：2,800 円 + 税

虚けの舞　織田信雄と北条氏

978-4-7791-1139-6 C0093(06.01)

伊東潤著
歴史小説における西国史観から離れた東国史観での戦国日本を描く意欲作！朝鮮出兵最前線の肥前名護屋の陣で出会った、織田信雄と北条氏規。信雄が繰り返した悲喜劇と、天才氏規、苦渋の日々の回想を軸に、肥前名護屋の陣を舞台に描く歴史大長編。

定価：1,900 円 + 税